o **feminismo**
é para *todo*
mundo

o feminismo
e para todo
mundo

bell hooks

O feminismo é para *todo* mundo

políticas arrebatadoras

Tradução
Bhuvi Libanio

Revisão técnica
Vinícius da Silva

28ª edição

Rio de Janeiro
2025

Copyright © Gloria Watkins, 2015
Copyright da tradução © Editora Rosa dos Tempos, 2018

Todos os direitos reservados. Tradução autorizada a partir da edição em língua inglesa, publicada pela Routledge, um membro do Taylor & Francis Group LLC.

Título original: *Feminism Is for Everybody: Passionate Politics*

Imagens de capa: © bell hooks; © Kues/Shutterstock.com

CIP-BRASIL. CATALOGAÇÃO NA PUBLICAÇÃO
SINDICATO NACIONAL DOS EDITORES DE LIVROS, RJ

H755f 28ª ed.	hooks, bell, 1952- O feminismo é para todo mundo: políticas arrebatadoras/ bell hooks; tradução Bhuvi Libanio. – 28ª ed. – Rio de Janeiro: Rosa dos Tempos, 2025. 176 p.; 21 cm. Tradução de: Feminism Is for Everybody: Passionate Politics Inclui bibliografia e índice ISBN 978-85-01-11559-1 1. Feminismo. 2. Teoria feminista. I. Libanio, Bhuvi. II. Título.
18-50103	CDD: 305.4201 CDU: 141.72

Meri Gleice Rodrigues de Souza – Bibliotecária – CRB-7/6439

Todos os direitos reservados. É proibido reproduzir, armazenar ou transmitir partes deste livro, através de quaisquer meios, sem prévia autorização por escrito.

Texto revisado segundo o novo Acordo Ortográfico da Língua Portuguesa.

Direitos desta edição adquiridos pela
EDITORA ROSA DOS TEMPOS
Um selo da
EDITORA RECORD LTDA.
Rua Argentina, 171 – Rio de Janeiro, RJ – 20921-380 – Tel.: (21) 2585-2000.

Seja um leitor preferencial Record.
Cadastre-se no site www.record.com.br
e receba informações sobre nossos lançamentos e nossas promoções.

Atendimento e venda direta ao leitor:
sac@record.com.br

Impresso no Brasil
2025

SUMÁRIO

Prefácio à edição de 2015   7
Introdução: aproxime-se do feminismo   11

1. Políticas feministas: em que ponto estamos   17
2. Conscientização: uma constante mudança de opinião   25
3. A sororidade ainda é poderosa   33
4. Educação feminista para uma consciência crítica   41
5. Nosso corpo, nosso ser: direitos reprodutivos   49
6. Beleza por dentro e por fora   57
7. Luta de classes feminista   65
8. Feminismo global   75
9. Mulheres no trabalho   81
10. Raça e gênero   89
11. Pelo fim da violência   95
12. Masculinidade feminista   103
13. Maternagem e paternagem feministas   109
14. Casamento e companheirismo libertadores   117
15. Uma política sexual feminista: uma ética de liberdade mútua   127
16. Alegria completa: lesbianidade e feminismo   137

17. Amar novamente: o coração do feminismo 145
18. Espiritualidade feminista 151
19. Feminismo visionário 157

Índice remissivo 169

PREFÁCIO À EDIÇÃO DE 2015*

Envolvida com teoria e prática feministas por mais de quarenta anos, tenho orgulho de dizer que, a cada ano da minha vida, meu comprometimento com o movimento feminista e com o desafio de mudar o patriarcado se intensificou. Mais do que nunca, trabalho para compartilhar a alegria libertadora que a luta feminista traz para nossa vida, de mulheres e de homens, que continuam a trabalhar por uma mudança, que continuam a desejar o fim do sexismo, da exploração sexista e da opressão.

Desde os primeiros momentos de meu engajamento com a prática feminista, o que mais me empolgou foi construir um movimento feminista de massa. Acreditando, aos 20 anos de idade, que o movimento feminista para justiça social poderia mudar todas as vidas, trabalhei para criar maneiras de levar o significado do pensamento e da prática feministas a um público maior, às massas. Ainda que grande parte de meu trabalho tivesse alcançado as pessoas que até então não haviam pensado sobre feminismo, sobretudo, as pessoas negras, o fato de ter escrito quase todo meu trabalho quando eu era estudante ou professora significava que ele nem sempre alcançou um grande público. A principal maneira de o público leitor tomar conhecimento de um livro é vê-lo exposto nas livrarias e/ou lendo resenhas sobre ele. Quando uma obra

---

* Originalmente, este livro foi publicado em 2000, pela South End Press. Em 2015, a Routledge publicou a segunda edição em língua inglesa, na qual se baseia a nossa tradução. (*N. da E.*)

O FEMINISMO É PARA TODO MUNDO

é dissidente e progressista, dificilmente é muito resenhada nos meios convencionais.

Tive sorte de ter publicado livros que, apesar de terem recebido poucas críticas, encontraram um público. Sem dúvida, a adoção em cursos se tornou uma das formas para que os livros que receberam pouca atenção nos meios convencionais encontrem um público. E, claro, quando escrevemos livros sobre os quais depois de ler as pessoas dizem "este livro salvou minha vida", o boca a boca sobre a obra vende exemplares. Ao olhar para meus quarenta anos de carreira como escritora de teoria feminista, fico boquiaberta com o fato de meu livro ainda encontrar leitores e de ainda educar para uma consciência crítica.

Ao longo dos anos, com o aumento da diversidade de vozes femininas e masculinas que se reúnem para escrever incríveis teorias feministas e de crítica cultural, e o meio acadêmico se tornou, e tem se tornado, o principal cenário da disseminação do pensamento feminista. Essa tendência tem causado um impacto positivo para estudantes da universidade, porque proporciona mais oportunidades para o pessoal descobrir o poder e o significado do pensamento e da prática feministas, mas tem impacto negativo no trabalho de aumentar o engajamento do grande público no movimento feminista.

Passei a ter total consciência feminista na graduação. Minha mente mudou e se tornou outra com as aulas de Estudos de Mulheres,* devido aos livros que li. Apesar de nascida em

---

* No original, "Women's Studies". Esse campo de estudo acadêmico surgiu com a proposta de investigar o feminismo, examinando as construções culturais e sociais dos gêneros e relacionando questões de gênero com raça, orientação sexual, classe e outras questões sociais. Hoje, em algumas universidades, o curso é denominado Estudos de Gênero e tem a mesma proposta, oferecendo diplomas de especialização a doutorado. (*N. da T.*)

8

PREFÁCIO À EDIÇÃO DE 2015

uma família de seis meninas e um menino, eu queria que mamãe, minhas irmãs, meu irmão e todo mundo que eu conhecia se inebriassem com o pensamento feminista como eu. Na foto da capa deste livro estou com minha melhor amiga durante nosso primeiro ano de faculdade.* Raça não era impedimento para nossa conexão, porque as questões da classe trabalhadora nos uniram. Nessa foto, estamos no fim da adolescência, com quase 20 anos de idade. Quando fiquei animada com o feminismo, April me acompanhou a conferências para aprender do que se tratava. Mais de quarenta anos depois, ainda vamos juntas a palestras feministas. Descobrimos a tautologia "a sororidade é poderosa" ao conhecer e vivenciar a jornada da vida juntas.

Quando penso no que escrever, sempre trabalho a partir do lugar da experiência concreta, escrevendo sobre o que acontecia na minha vida e na vida de mulheres e homens que me rodeiam. Durante anos escutei pessoas dentro e fora da academia compartilhar o sentimento de não compreender teoria e prática do feminismo. Com frequência, estudantes das disciplinas de Estudos de Mulheres que desenvolveram consciência crítica relatavam a dificuldade de explicar para a família e os amigos a nova maneira de pensar.

Ao ouvir todas as reclamações sobre a teoria feminista ser "muito acadêmica" ou "muito cheia de palavras que a galera não entende", senti que, de alguma forma, o movimento tinha falhado, já que não conseguimos esclarecer para todo mundo as políticas feministas. Muitas vezes disse que precisávamos ir de porta em porta para compartilhar

---

* bell hooks se refere à fotografia da capa da edição de *Feminism is for Everybody*, publicada pela Routledge, em 2015. Nesta edição brasileira, a imagem encontra-se na orelha do livro. (*N. da T.*)

o pensamento feminista (isso nunca aconteceu). Então me ocorreu que eu deveria escrever um livro fácil de ler que explicasse o pensamento feminista e incentivasse as pessoas a adotar políticas feministas.

Em momento algum acreditei que o movimento feminista devesse ser, e que fosse, um movimento só de mulheres. No mais íntimo do meu ser, sabia que nunca teríamos um movimento feminista bem-sucedido se não conseguíssemos incentivar todo mundo, pessoas femininas e masculinas, mulheres e homens, meninas e meninos, a se aproximar do feminismo. Eu contava para meus estudantes que tinha intenção de escrever um livro que explicasse o pensamento feminista, um livro que você poderia levar para casa e compartilhar com parentes, com pais e mães, avós e membros da igreja.

O título *O feminismo é para todo mundo* era como um slogan que declara sobre o que é o livro. Claro, conciso, fácil de ler; para mim, era um sonho se tornando realidade. Por isso, ele convida todos nós a nos aproximar do feminismo.

INTRODUÇÃO:
APROXIME-SE DO FEMINISMO

Em todos os lugares aonde vou, com orgulho digo ao pessoal interessado em saber quem sou e o que faço: sou escritora, teórica feminista, crítica cultural. Digo às pessoas que escrevo sobre filmes e cultura popular, analisando a mensagem de cada meio. A maioria das pessoas acha isso emocionante e quer saber mais. Todo mundo vai ao cinema, assiste à televisão, folheia revistas, e todo mundo tem pensamentos sobre as mensagens que recebe, sobre as imagens que vê. É fácil para o público diverso que encontro entender o que faço como crítica cultural e compreender minha paixão por escrever (muita gente quer escrever e escreve). Mas quando falamos sobre teoria feminista – é nesse ponto que as perguntas param. A tendência é eu ouvir tudo sobre a maldade do feminismo e as feministas más: "elas" odeiam homens; "elas" querem ir contra a natureza (e deus);* todas "elas" são lésbicas; "elas" estão roubando empregos e tornando difícil a vida de homens brancos, que não têm a menor chance.

Quando pergunto a esse mesmo pessoal sobre os livros e as revistas feministas que leem, quando pergunto a quais

---

* É opção da autora escrever com letra minúscula. (*N. da T.*)

palestras feministas assistiram, respondem contando que tudo o que sabem sobre feminismo entrou na vida deles por terceiros, que realmente nunca se aproximaram o suficiente do movimento feminista para saber o que de fato acontece e sobre o que é de verdade. Na maioria das vezes, pensam que feminismo se trata de um bando de mulheres bravas que querem ser iguais aos homens. Essas pessoas nem pensam que feminismo tem a ver com direitos – é sobre mulheres adquirirem direitos iguais. Quando falo do feminismo que conheço – bem de perto e com intimidade –, escutam com vontade, mas, quando nossa conversa termina, logo dizem que sou diferente, não como as feministas "de verdade", que odeiam homens, que são bravas. Eu asseguro a essas pessoas que sou tão de verdade e tão radical quanto uma feminista pode ser, e que, se ousarem se aproximar do feminismo, verão que não é como haviam imaginado.

Todas as vezes que saio de um desses encontros, tenho vontade de ter em mãos um livreto, para que eu possa dizer "leia este livro e ele te dirá o que é feminismo, sobre o que é o movimento". Quero ter nas mãos um livro conciso, fácil de ler e de entender, não um livro longo, não um livro grosso com jargão e linguagem acadêmica difíceis de compreender, mas um livro direto e claro – fácil de ler, sem ser simplista. Desde o momento em que pensamento, políticas e práticas feministas mudaram minha vida, quis ter esse livro. Tive vontade de entregá-lo ao pessoal que amo, para que entendam melhor essa causa, essas políticas feministas nas quais acredito profundamente, e que é a base da minha vida política.

Eu queria que tivessem uma resposta para a pergunta "o que é feminismo?" que não fosse ligada nem a medo nem a

INTRODUÇÃO

fantasia. Queria que tivessem esta simples definição para ler repetidas vezes e saber que: "Feminismo é um movimento para acabar com sexismo, exploração sexista e opressão." Adoro essa definição, que apresentei pela primeira vez há mais de dez anos em meu livro *Teoria feminista: da margem ao centro.** Adoro porque afirma de maneira muito clara que o movimento não tem a ver com ser anti-homem. Deixa claro que o problema é o sexismo. E essa clareza nos ajuda a lembrar que todos nós, mulheres e homens, temos sido socializados desde o nascimento para aceitar pensamentos e ações sexistas. Como consequência, mulheres podem ser tão sexistas quanto homens. Isso não desculpa ou justifica a dominação masculina; isso significa que seria inocência e equívoco de pensadoras feministas simplificar o feminismo e enxergá-lo como se fosse um movimento de mulher contra homem. Para acabar com o patriarcado (outra maneira de nomear o sexismo institucionalizado), precisamos deixar claro que todos nós participamos da disseminação do sexismo, até mudarmos a consciência e o coração; até desapegarmos de pensamentos e ações sexistas e substituí-los por pensamentos e ações feministas.

Homens, como um grupo, são quem mais se beneficiaram e se beneficiam do patriarcado, do pressuposto de que são superiores às mulheres e deveriam nos controlar. Mas esses benefícios tinham um preço. Em troca de todas as delícias que os homens recebem do patriarcado, é exigido que dominem as mulheres, que nos explorem e oprimam, fazendo

---

* *Feminist Theory: From Margin to Center* foi originalmente publicado pela South End Press, em 1984. Em 2019, foi publicado pela Editora Perspectiva, com tradução de Rainer Patriota, sob o título *Teoria feminista: da margem ao centro* (N. da T.)

uso de violência, se precisarem, para manter o patriarcado intacto. A maioria dos homens acha difícil ser patriarca. A maioria dos homens fica perturbada pelo ódio e pelo medo de mulher e pela violência de homens contra mulheres, até mesmo os homens que disseminam essa violência se sentem assim. Mas eles têm medo de abrir mão dos benefícios. Eles não têm certeza sobre o que vai acontecer com o mundo que eles já conhecem tão bem, se o patriarcado mudar. Então acham mais fácil apoiar passivamente a dominação masculina, mesmo quando sabem, no fundo, que estão errados. Repetidas vezes, homens me falam que não têm a menor ideia de o que feministas querem. Acredito neles. Acredito na capacidade que eles têm de mudar e crescer. E acredito que, se soubessem mais sobre feminismo, não teriam mais medo dele, porque encontrariam no movimento feminista esperança para sua própria libertação das amarras do patriarcado.

É para esses homens, jovens e idosos, e para todas e todos nós que escrevi este rápido guia, o livro que por mais de vinte anos desejei. Precisei escrevê-lo, porque fiquei esperando que ele aparecesse, e ele não apareceu. E, sem ele, não havia forma de abordar as multidões nesta nação, que todos os dias são bombardeadas por reações antifeministas violentas e que são orientadas a odiar e a resistir a um movimento sobre o qual conhecem muito pouco. Deveria haver tantas pequenas cartilhas feministas, folhetos fáceis de ler e livros nos contando tudo sobre feminismo, que este livro seria apenas mais uma voz impetuosa falando em nome das políticas feministas. Deveria haver outdoors, anúncios em revistas, propagandas em ônibus, metrôs, trens, comerciais na TV espalhando a notícia e ensinando o mundo sobre feminismo. Ainda não

INTRODUÇÃO

chegamos lá. Mas isso é o que precisamos fazer para compartilhar o feminismo, para fazer o movimento chegar à mente e ao coração de todo mundo. Mudanças feministas já tocaram a vida de todas as pessoas de forma positiva. E, ainda assim, perdemos de vista o positivo, quando tudo o que ouvimos sobre feminismo é negativo.

No início de minha resistência à dominação masculina, de minha rebeldia contra o pensamento patriarcal (e de minha oposição à mais forte voz patriarcal em minha vida: a voz de minha mãe), eu ainda era adolescente, suicida, deprimida, sem saber como encontraria um significado para minha vida e um lugar para mim. Precisei que o feminismo me desse uma base de igualdade e justiça em que eu pudesse me erguer. Mamãe mudou de opinião sobre o pensamento feminista. Ela vê a mim e a todas suas filhas (somos seis) vivendo uma vida melhor por causa de políticas feministas. Ela enxerga promessa e esperança no movimento feminista. É essa promessa e essa esperança que quero compartilhar neste livro com você, com todo mundo.

Imagine viver em um mundo onde não há dominação, em que mulheres e homens não são parecidos nem mesmo sempre iguais, mas em que a noção de mutualidade é o *ethos* que determina nossa interação. Imagine viver em um mundo onde todos nós podemos ser quem somos, um mundo de paz e possibilidades. Uma revolução feminista sozinha não criará esse mundo; precisamos acabar com o racismo, o elitismo, o imperialismo. Mas ela tornará possível que sejamos pessoas – mulheres e homens – autorrealizadas, capazes de criar uma comunidade amorosa, de viver juntas, realizando nossos sonhos de liberdade e justiça, vivendo a verdade de que somos todas e todos "iguais na criação". Aproxime-se.

Veja como o feminismo pode tocar e mudar sua vida e a de todos nós. Aproxime-se e aprenda, na fonte, o que é o movimento feminista. Aproxime-se e verá: o feminismo é para todo mundo.

1. Políticas feministas: em que ponto estamos

Dito de maneira simples, feminismo é um movimento para acabar com sexismo, exploração sexista e opressão. Essa foi uma definição para feminismo que apresentei há mais de dez anos no livro *Teoria feminista: da margem ao centro*. Naquele momento, minha esperança era de que essa se tornaria uma definição comum, que todo mundo usaria. Eu gostava dessa definição porque não deixava implícito que homens eram inimigos. Ao indicar o sexismo como o problema, ela foi bem no cerne da questão. Na verdade, essa definição deixa implícito que todos os pensamentos e todas as ações sexistas são problemas, independentemente de quem os perpetua ser mulher ou homem, criança ou adulto. Também é ampla o suficiente para incluir a compreensão de sexismo institucionalizado sistêmico. Como definição, não é conclusiva. Sugere que, para compreender o feminismo, uma pessoa precisa necessariamente compreender o sexismo.

Como todas e todos os defensores das políticas feministas sabem, a maioria das pessoas não entende o sexismo ou, se entende, pensa que ele não é um problema. Uma multidão pensa que o feminismo é sempre e apenas uma questão de mulheres em busca de serem iguais aos homens. E a grande maioria desse pessoal pensa que feminismo é anti-homem. A má compreensão dessas pessoas sobre políticas feministas reflete a realidade de que a maioria aprende sobre feminismo na mídia de massa patriarcal. O feminismo sobre o qual mais ouvem falar é ilustrado por mulheres que são primordialmente engajadas em igualdade de gênero – salários iguais para funções iguais e, algumas vezes, mulheres e homens dividindo as responsabilidades do trabalho doméstico e de maternagem e paternagem. As pessoas notam que essas mulheres são, em geral, brancas e economicamente privilegiadas. Sabem, através da mídia de massa, que a libertação das mulheres tem foco em liberdade para abortar, para ser lésbica e para desafiar situações de estupro e de violência doméstica. Entre essas questões, há uma multidão que concorda com a ideia de igualdade de gênero no local de trabalho – salários iguais para funções iguais.

Uma vez que nossa sociedade continua sendo primordialmente uma cultura "cristã", uma grande massa de pessoas continua acreditando que deus ordenou que mulheres fossem subordinadas aos homens no ambiente doméstico. Ainda que multidões de mulheres tenham entrado no mercado de trabalho, ainda que várias mulheres sejam chefes e arrimo de família, a noção de vida doméstica que ainda domina o imaginário da nação é a de que a lógica da dominação masculina está intacta, seja o homem presente em casa ou não. A equivocada noção de movimento feminista como anti-homem carregava o equivocado pressuposto de que todos os espaços femininos seriam necessariamente ambientes em que o patriarcado e o pensamento sexista estariam ausentes. Várias mulheres, inclusive aquelas envolvidas com políticas feministas, escolheram acreditar nisso também.

POLÍTICAS FEMINISTAS

De fato, o sentimento anti-homem estava muito presente entre as ativistas do início do feminismo, que reagiam com ira à dominação masculina. Essa raiva da injustiça foi o impulso para a criação do movimento de libertação da mulher. Ainda no início, grande parte das ativistas feministas (a maioria, branca) tomou consciência da natureza da dominação masculina quando trabalhava em contextos anticlassista e antirracista, com homens que falavam para o mundo sobre a importância da liberdade enquanto subordinavam as mulheres de sua classe. Quer fossem mulheres brancas trabalhando em nome do socialismo, quer fossem mulheres negras trabalhando em nome dos direitos civis e da libertação negra, ou mulheres nativas trabalhando pelos direitos dos povos indígenas, estava claro que os homens queriam comandar e queriam que as mulheres os seguissem. Participar dessas lutas radicais por liberdade acordou o espírito de rebeldia e resistência em mulheres progressistas e as direcionou à libertação da mulher contemporânea.

Enquanto o feminismo contemporâneo progredia, enquanto as mulheres se davam conta de que o grupo dos homens não era o único na sociedade que apoiava o pensamento e o comportamento sexistas – mulheres também poderiam ser sexistas –, atitudes anti-homem já não definiam a consciência do movimento. O foco passou a ser um grande esforço para criar justiça de gênero. Mas as mulheres não poderiam se juntar para promover o feminismo sem confrontar nosso pensamento sexista. A sororidade não seria poderosa enquanto mulheres estivessem em guerra, competindo umas com as outras. Visões utópicas de sororidade baseadas apenas na consciência da realidade de que mulheres eram de alguma maneira vitimizadas pela dominação masculina foram quebradas por discussões de classe e raça. Discussões sobre desigualdade de classe aconteciam no início do feminismo contemporâneo e precederam as discussões sobre raça. A editora Diana Press publicou ideias revolucionárias acerca da divisão de classe entre mulheres na metade da década de 1970 na coletânea de ensaios *Class and Feminism*.* Essas discussões não banalizaram a insistência feminista de que "a sororidade é poderosa"; apenas enfatizaram que podemos nos tornar irmãs na luta somente confrontando as maneiras pelas quais mulheres – por meio de sexo, classe e raça – dominaram e exploraram outras mulheres, e criaram uma plataforma política que abordaria essas diferenças.

Mesmo que mulheres negras individuais fossem ativas no movimento feminista contemporâneo desde seu início, elas não foram os indivíduos que se tornaram "estrelas" do movimento, que atraíam a atenção da mídia de massa. Muitas vezes, essas mulheres negras ativistas do movimento feminista eram feministas revolucionárias (como várias lésbicas brancas). Elas já discordavam de feministas reformistas que estavam decididas a projetar a noção do movimento como se ele fosse, exclusivamente, pela igualdade entre mulheres e homens no sistema existente. Mesmo antes de raça se tornar uma questão debatida nos círculos feministas, estava claro para as mulheres negras (e para as revolucionárias aliadas da luta) que jamais alcançariam igualdade dentro do patriarcado capitalista de supremacia branca existente.

---

* Bunch, Charlotte (org.). *Class and Feminism: A Collection of Essays from the Furies* [Classe e feminismo: uma coletânea de ensaios das Fúrias]. Baltimore: Diana Press, 1974. Em 2018, durante a produção deste livro, ainda era inédito no Brasil. (*N. da T.*)

POLÍTICAS FEMINISTAS

Desde seu início, o movimento feminista foi polarizado. Pensadoras reformistas escolheram enfatizar a igualdade de gênero. Pensadoras revolucionárias não queriam apenas alterar o sistema existente para que mulheres tivessem mais direitos. Queríamos transformar aquele sistema para acabar com o patriarcado. Como a mídia de massa patriarcal não estava interessada na visão mais revolucionária, nunca recebeu atenção da imprensa dominante. A noção de "libertação da mulher" que pegou – e ainda está no imaginário do público – era aquela que representava mulheres querendo o que os homens tinham. E essa era a ideia mais fácil de realizar. Mudanças na economia do país, depressão econômica, desemprego etc. criaram um clima favorável para que cidadãos de nossa nação aceitassem a noção de igualdade de gênero no mercado de trabalho.

Diante da realidade do racismo, fazia sentido que homens brancos estivessem mais dispostos a levar em consideração os direitos das mulheres, quando a garantia desses direitos pudesse servir à manutenção da supremacia branca. Jamais poderemos esquecer que as mulheres brancas começaram a afirmar a necessidade de liberdade depois dos direitos civis, bem no momento em que a discriminação racial estava acabando, e pessoas negras, sobretudo, homens negros, teriam alcançado igualdade em relação aos homens brancos, no mercado de trabalho. O pensamento feminista reformista, focado primordialmente na igualdade em relação aos homens no mercado de trabalho, ofuscou as origens radicais do feminismo contemporâneo que pedia reforma e reestruturação geral da sociedade, para que nossa nação fosse fundamentalmente antissexista.

A maioria das mulheres, em especial as mulheres brancas privilegiadas, deixou até mesmo de considerar noções do feminismo revolucionário, quando começou a alcançar poder econômico dentro da estrutura social existente. Ironicamente, o pensamento feminista revolucionário era mais aceito e adotado nos círculos acadêmicos. Nesses círculos, a produção de teoria feminista revolucionária progrediu, mas com muita frequência não estava disponível para o público. Tornou-se, e permanece assim, um discurso privilegiado, disponível para aqueles entre nós que são altamente letrados, educados e economicamente privilegiados. Trabalhos como *Teoria feminista: da margem ao centro*, que oferecem uma visão libertadora de transformação feminista, jamais recebem atenção da grande imprensa. Muitas pessoas não ouviram falar desse livro. Elas não rejeitaram a mensagem; elas não conhecem a mensagem.

Enquanto era interesse do patriarcado capitalista de supremacia branca suprimir o pensamento feminista visionário, que não era anti-homem, ou que fosse preocupado em alcançar para as mulheres o direito de ser igual aos homens, feministas reformistas queriam silenciar essas forças. O feminismo reformista se tornou o caminho para a mobilidade de classe. Elas poderiam se libertar da dominação masculina no mercado de trabalho e escolher mais livremente o próprio estilo de vida. Mesmo que o sexismo não tenha acabado, elas poderiam maximizar a liberdade dentro do sistema existente. E poderiam contar com o fato de existir uma classe mais baixa de mulheres exploradas e subordinadas para fazer o trabalho sujo que se recusavam a fazer. Ao aceitar, e de fato conspirar a favor da subordinação de mulheres trabalhadoras e pobres, elas não somente se aliaram ao patriarcado existente e ao concomitante sexismo como se permitiram o direito de levar uma vida dupla, em que são iguais aos homens no mercado de trabalho e em casa, quando querem ser. Se escolhem a lesbianidade, elas têm o privilégio de se tornar iguais aos homens no mercado de trabalho, enquanto utilizam o poder de classe para criar um estilo de vida doméstica em que elas podem escolher ter pouco ou nenhum contato com homens.

O feminismo como estilo de vida introduziu a ideia de que poderia haver tantas versões de feminismo quantas fossem as mulheres existentes. De repente, a política começou a ser aos poucos removida do feminismo. E prevaleceu a hipótese de que não importa o posicionamento político de uma mulher, seja ela conservadora ou liberal, ela também pode encaixar o feminismo em seu estilo de vida. Obviamente, essa maneira de pensar fez o feminismo ser mais aceitável, porque seu pressuposto subjacente é que mulheres podem ser feministas sem fundamentalmente desafiar e mudar a si mesmas ou à cultura. Por exemplo, vejamos a questão do aborto. Se feminismo é um movimento para acabar com a opressão sexista, e se privar mulheres de seus direitos reprodutivos é uma forma de opressão sexista, então uma pessoa não pode ser contra o direito de escolha e ser feminista. Uma mulher pode afirmar que jamais escolheria fazer aborto enquanto afirma seu apoio ao direito de as mulheres escolherem, e ainda assim ser uma defensora de políticas feministas. Ela não pode ser antiaborto e defensora do feminismo. Ao mesmo tempo, não pode haver algo como "feminismo como poder", se a noção de poder suscitada for poder adquirido através de exploração e opressão de outras pessoas.

As políticas feministas estão perdendo o *momentum* porque o movimento feminista perdeu suas definições claras. Temos essas definições. Vamos recuperá-las. Vamos

O FEMINISMO É PARA TODO MUNDO

compartilhá-las. Vamos recomeçar. Vamos fazer camisetas e adesivos para o carro e cartões-postais e música hip-hop, comerciais de TV e rádio, anúncios em todos os lugares e outdoors e todas as formas de material impresso que fale para o mundo sobre feminismo. Podemos compartilhar a simples, porém poderosa, mensagem de que o feminismo é um movimento para acabar com a opressão sexista. Vamos começar por aí. Que o movimento comece novamente.

2. Conscientização:
uma constante mudança de opinião

Feministas são formadas, não nascem feministas. Uma pessoa não se torna defensora de políticas feministas simplesmente por ter o privilégio de ter nascido do sexo feminino. Assim como a todas as posições políticas, uma pessoa adere às políticas feministas por escolha e ação. Quando mulheres se organizaram pela primeira vez em grupos para, juntas, conversar sobre questões relacionadas ao sexismo e à dominação masculina, elas foram claras quanto ao fato de que mulheres eram tão socializadas para acreditar em pensamentos e valores sexistas quanto os homens. A diferença está apenas no fato de que os homens se beneficiaram mais do sexismo do que as mulheres e, como consequência, era menos provável que eles quisessem abrir mão dos privilégios do patriarcado. Antes que as mulheres pudessem mudar o patriarcado, era necessário mudar a nós mesmas; precisávamos criar consciência.

A conscientização feminista revolucionária enfatizou a importância de aprender sobre o patriarcado como sistema de dominação, como ele se institucionalizou e como é disseminado e mantido. Compreender a maneira como a dominação masculina e o sexismo eram expressos no dia a dia conscientizou mulheres sobre como éramos vitimizadas, exploradas e, em piores cenários, oprimidas. No início do movimento feminista contemporâneo, os grupos de conscientização frequentemente se tornaram espaços em que mulheres simplesmente liberavam a hostilidade e a ira por serem vitimizadas, com pouco ou nenhum foco em estratégias de intervenção e transformação. Em um nível mais elementar, muitas mulheres machucadas e exploradas usavam o grupo de conscientização como terapia. Era o local em que expunham e revelavam abertamente a profundidade de feridas íntimas. Essa característica confessional servia como ritual de cura. Através da conscientização, mulheres adquiriram força para desafiar o poder patriarcal no trabalho e em casa.

No entanto, é importante notar que a fundação desse trabalho começou com mulheres examinando o pensamento sexista e criando estratégias com as quais mudaríamos nossas atitudes e crenças por meio de conversão para um pensamento feminista e comprometimento com políticas feministas. Fundamentalmente, o grupo de conscientização (GC) era um local para conversão. Para construir um movimento de massa, as mulheres precisavam se organizar. A sessão de conscientização, que em geral acontecia na casa de alguém (em vez de em espaço público, que teria que ser alugado ou emprestado), era um local de encontro. Era o lugar no qual pensadoras e ativistas feministas da época poderiam recrutar novas convertidas.

É importante notar que comunicação e diálogo eram centrais na pauta das sessões de conscientização. Em vários grupos, a norma era honrar a voz de todas. As mulheres se revezavam para falar, assegurando que todas pudessem ser

CONSCIENTIZAÇÃO

ouvidas. Essa tentativa de criar um modelo não hierárquico de debate foi positiva ao dar a todas as mulheres uma chance de falar, mas frequentemente não criou contexto para um diálogo engajado. No entanto, na maioria das vezes, discussão e debate ocorreram, em geral, depois de todas falarem pelo menos uma vez. Discussões argumentativas eram comuns nos GC, porque era a maneira que buscávamos para esclarecer nossa compreensão coletiva da natureza da dominação masculina. Somente com discussão e desacordos poderíamos começar a encontrar um ponto de vista realista sobre exploração e opressão de gênero.

À medida que o pensamento feminista – que surgiu primeiro nos pequenos grupos em que frequentemente indivíduos se conheciam (provavelmente eram colegas de trabalho e/ou amigas) – começou a ser teorizado em material impresso para alcançar maior audiência, grupos se desmantelaram. A criação dos Estudos de Mulheres como disciplina acadêmica proporcionou outro cenário, em que mulheres podiam ser informadas sobre pensamento feminista e teoria feminista. Várias mulheres que encabeçaram a introdução da disciplina Estudos de Mulheres em faculdades e universidades foram ativistas nas lutas por direitos civis, por direitos dos gays e nos primeiros movimentos feministas. Várias delas não tinham doutorado, o que significava que entravam nas instituições acadêmicas recebendo salários baixos e trabalhando mais horas do que seus colegas de outras disciplinas. Quando jovens estudantes de graduação se juntaram aos esforços para legitimar o *corpus* feminista na academia, sabíamos que era importante obter títulos mais altos. A maioria de nós enxergava nosso comprometimento com os Estudos de Mulheres como ação política; estávamos

O FEMINISMO É PARA TODO MUNDO

preparadas para o sacrifício necessário para criar uma base acadêmica para o movimento feminista.

Ao fim da década de 1970, os Estudos de Mulheres estavam no caminho para se tornar uma disciplina acadêmica aceita. Essa vitória ofuscou o fato de que várias mulheres que prepararam o caminho para a institucionalização dos Estudos de Mulheres foram demitidas porque tinham mestrado, mas não doutorado. Algumas de nós voltamos para o curso de pós-graduação para fazer doutorado, enquanto outras, entre as melhores e mais brilhantes de nós, não. Estavam completamente desiludidas com a universidade, esgotadas de tanto trabalho e desapontadas e iradas porque as políticas radicais que sustentavam os Estudos de Mulheres estavam sendo substituídas pelo reformismo liberal. Não demorou muito e as salas de aula dos Estudos de Mulheres substituíram os grupos de conscientização informais. Enquanto mulheres de várias origens – as que trabalhavam apenas como donas de casa, em prestação de serviço ou as grandes profissionais – poderiam ser encontradas nos diversificados grupos de conscientização, a academia era, e ainda é, local de privilégio de classe. As privilegiadas mulheres brancas de classe média eram maioria, mas não necessariamente líderes radicais do movimento feminista contemporâneo, e frequentemente ganhavam destaque porque eram o grupo que a mídia de massa focava como representante da luta. Mulheres com consciência feminista revolucionária, várias delas lésbicas e originárias da classe trabalhadora, muitas vezes perderam visibilidade, à medida que o movimento recebia atenção da mídia convencional. Seu deslocamento foi completo quando os Estudos de Mulheres ficaram entranhados em faculdades e universidades, que são estruturas corporativas conservadoras. Quando a

CONSCIENTIZAÇÃO

sala de aula de Estudos de Mulheres substituiu o grupo de conscientização como principal local para a transmissão de pensamento e estratégias feministas para mudanças sociais, o movimento perdeu seu potencial fundamentado na massa. De repente, mais e mais mulheres começaram a se denominar "feministas" ou a usar uma retórica de discriminação de gênero para mudar seu status econômico. A institucionalização de estudos de feminismo criou uma gama de trabalhos, tanto no mundo acadêmico quanto no mundo das publicações. Essas mudanças baseadas em carreiras levaram a formas de oportunismo profissional, em que mulheres nunca antes politicamente comprometidas com a luta feminista de massa adotaram postura e jargão do feminismo quando isso reforçava sua mobilidade de classe. O desmantelamento dos grupos de conscientização praticamente apagou a noção de que é necessário aprender sobre feminismo e fazer uma escolha consciente sobre aderir às políticas feministas e se tornar uma pessoa que defende o feminismo.

Sem o grupo de conscientização como local em que as mulheres confrontavam seu próprio sexismo em relação a outras mulheres, o direcionamento do movimento feminista poderia mudar para um foco de igualdade no mercado de trabalho e confronto com a dominação masculina. Com o foco reforçado na construção da mulher como "vítima" de uma igualdade de gênero que precisava ser reparada (através de mudanças nas leis discriminatórias ou de ações afirmativas), a ideia de que mulheres precisavam primeiro confrontar seu sexismo internalizado como processo para se tornar feminista perdeu o valor. Mulheres de todas as idades agiam como se se preocupar com ou ter raiva da dominação masculina ou da igualdade de gênero fosse tudo o que era preciso para uma pessoa se tornar "feminista". Sem confrontar o sexismo internalizado, mulheres que levantavam a bandeira feminista constantemente traíam a causa nas interações com outras mulheres.

No início da década de 1980, a evocação de uma sororidade politizada – tão crucial no início do movimento feminista – perdeu o sentido, quando o terreno das políticas feministas radicais foi ofuscado por um feminismo baseado em estilo de vida, que sugeria que qualquer mulher poderia ser feminista, independentemente de sua orientação política. Nem precisava dizer que esse pensamento enfraqueceu a teoria e a prática feministas e as políticas feministas. Quando o movimento feminista se renovar, reforçando repetidas vezes as estratégias que permitirão que um movimento de massa acabe com sexismo, exploração sexista e opressão sobre todo mundo, a conscientização voltará a ter sua importância original. Imitando com sucesso o modelo de reunião dos AA, os grupos de conscientização feminista acontecerão em comunidades, oferecendo a mensagem do pensamento feminista para todo mundo, independentemente de classe, raça ou gênero. Ainda que grupos específicos baseados em identidades compartilhadas provavelmente surjam, ao fim de cada mês indivíduos estariam em grupos mistos.

Conscientização feminista para homens é tão essencial para o movimento revolucionário quanto os grupos para mulheres. Se tivesse havido ênfase em grupos para homens, que ensinassem garotos e homens sobre o que é sexismo e como ele pode ser transformado, teria sido impossível para a mídia de massa desenhar o movimento como sendo anti-homem. Teria também prevenido a formação de um movimento antifeminista de homens. Muitas vezes, no início do feminismo contemporâneo, formaram-se grupos de homens

CONSCIENTIZAÇÃO

sem abordar, de maneira alguma, questões relacionadas a sexismo e dominação masculina. Assim, como o feminismo baseado em estilo de vida era focado em mulheres, esses grupos com frequência se tornavam ambiente de terapia para homens lidarem com suas feridas, sem haver crítica ao patriarcado ou plataforma de resistência à dominação masculina. O movimento feminista do futuro não irá cometer esse erro. Homens de todas as idades precisam de ambientes em que sua resistência ao sexismo seja reafirmada e valorizada. Sem ter homens como aliados na luta, o movimento feminista não vai progredir. Da forma como está, precisamos trabalhar com muita dedicação para corrigir o pressuposto já tão arraigado no inconsciente cultural, de que o feminismo é anti-homem. O feminismo é antissexismo. Um homem despojado de privilégios masculinos, que aderiu às políticas feministas, é um companheiro valioso de luta, e de maneira alguma é ameaça ao feminismo; enquanto uma mulher que se mantém apegada ao pensamento e comportamento sexistas, infiltrando o movimento feminista, é uma perigosa ameaça. Significativamente, a intervenção mais poderosa feita por grupos de conscientização foi a exigência de que todas as mulheres confrontassem o sexismo internalizado, sua fidelidade a pensamentos e ações patriarcais e seu comprometimento à conversão feminista. Essa intervenção ainda é necessária. Ainda é o passo necessário para qualquer pessoa que escolha políticas feministas. É necessário transformar o inimigo interno antes que possamos confrontar o inimigo externo. O pensamento e o comportamento sexistas são as ameaças, os inimigos. Enquanto mulheres assumirem a bandeira de políticas feministas sem abordar e transformar seu próprio sexismo, o movimento ficará prejudicado.

3. A sororidade ainda é poderosa

Quando o slogan "A sororidade é poderosa" foi usado pela primeira vez, foi sensacional. Comecei minha participação plena no movimento feminista, no segundo ano de faculdade. Quando frequentei por um ano uma faculdade só de mulheres antes de me transferir para a Stanford University, aprendi com minha própria experiência a diferença entre autoestima feminina e autoafirmação em salas de aula só de mulheres em oposição a salas onde homens estavam presentes. Na Stanford, os homens comandavam qualquer sala de aula. Mulheres conversavam menos, tomavam menos iniciativas e, frequentemente, quando falavam, era difícil ouvir o que estavam dizendo. Faltavam força e confiança na voz delas. E para piorar as coisas, professores homens nos diziam repetidas vezes que não éramos tão inteligentes quanto os homens, que não poderíamos ser "grandes" pensadoras, escritoras e por aí vai. Essas atitudes me chocaram, porque eu vinha de um ambiente só de mulheres, em que nossa dignidade e nosso valor intelectual eram constantemente afirmados pelo padrão de excelência acadêmica que a maioria feminina de professoras estabeleceu para nós e para elas mesmas.

De fato, fiquei devendo a minha professora branca predileta de inglês que pensou que, em nossa faculdade de mulhe-

O FEMINISMO É PARA TODO MUNDO

eu não recebia a orientação acadêmica de que precisava, porque não tinham um programa de escrita intenso. Ela me incentivou a ir para Stanford. Ela acreditava que algum dia eu me tornaria uma pensadora e escritora importante. Na Stanford, minha habilidade era constantemente questionada. Comecei a duvidar de mim mesma. E então o movimento feminista balançou o campus. Mulheres, estudantes e professoras exigiram o fim da discriminação de gênero dentro e fora da sala de aula. Uau, foi uma época intensa e maravilhosa. Lá, fiz minha primeira aula em Estudos de Mulheres com a escritora Tillie Olsen, que fazia os estudantes pensar, antes de tudo, sobre o destino das mulheres da classe trabalhadora. Lá, Diane Middlebrook, acadêmica que já foi biógrafa de Anne Sexton, distribuiu em nossa aula de poesia contemporânea um de meus poemas sem nome impresso e pediu que identificássemos se era de um escritor ou de uma escritora, uma experiência que nos fez pensar sobre o julgamento do valor da escrita com base em diferenças de gênero. Lá, comecei a escrever meu primeiro livro, quando eu tinha 19 anos, *E eu não sou uma mulher? Mulheres negras e o feminismo.** Nenhuma dessas transformações incríveis teriam acontecido sem o movimento feminista criar uma base para a solidariedade entre mulheres.

Essa base se apoiou em nossa crítica do que então chamávamos de "o inimigo interno", em referência ao nosso sexismo internalizado. Sabíamos, por experiência própria, que, como mulheres, fomos socializadas pelo pensamento

---

* Originalmente, publicado pela South End Press, em 1981, com o título *Ain't I a Woman: Black Women and Feminism.* Em 2019, foi publicado pela Rosa dos Tempos. (*N. da T.*)

patriarcal para enxergar a nós mesmas como pessoas inferiores aos homens, para nos ver, sempre e somente, competindo umas com as outras pela aprovação patriarcal, para olhar umas às outras com inveja, medo e ódio. O pensamento sexista nos fez julgar sem compaixão e punir duramente umas às outras. O pensamento feminista nos ajudou a desaprender o auto-ódio feminino. Ele nos permitiu que nos libertássemos do controle do pensamento patriarcal sobre nossa consciência.

A ligação entre homens era um aspecto aceito e afirmado na cultura patriarcal. Simplesmente pressupunha-se que homens em grupos ficariam unidos, dariam apoio uns aos outros, seriam um time e colocariam o bem do grupo acima de ganhos e reconhecimento individuais. A ligação entre mulheres não era possível dentro do patriarcado; era um ato de traição. Movimentos feministas criaram o contexto para mulheres se conectarem. Não nos juntamos para ficar contra os homens; juntamo-nos para proteger nossos interesses de mulher. Quando desafiávamos professores que não adotavam livros escritos por mulheres, não era porque não gostávamos daqueles professores (muitas vezes gostávamos); com razão, queríamos o fim dos preconceitos de gênero em sala de aula e no currículo.

As transformações feministas que aconteciam em nossa faculdade mista do início dos anos 1970 também aconteciam em ambientes domésticos e profissionais. Antes de tudo, o movimento feminista incentivava as mulheres a parar de nos ver e de ver nosso corpo como propriedade do homem. Para exigir ter controle sobre nossa sexualidade, sobre métodos contraceptivos eficientes e direitos reprodutivos, o fim dos estupros e dos abusos sexuais, precisávamos nos unir em

O FEMINISMO É PARA TODO MUNDO

solidariedade. Para que as mulheres mudassem a discriminação no ambiente de trabalho, precisávamos fazer pressão como grupo para mudar as políticas públicas. Desafiar e mudar o pensamento sexista das mulheres era o primeiro passo para criar uma sororidade poderosa que acabaria por balançar nossa nação.

Na esteira dos direitos civis, o movimento feminista revolucionário dos anos 1970 e 1980 mudou o rosto de nossa nação. As ativistas feministas que tornaram essas mudanças possíveis se importavam com o bem-estar de todas as mulheres. Entendíamos que solidariedade política entre mulheres expressa na sororidade vai além de reconhecimento positivo das experiências de mulheres, e também da compaixão compartilhada em casos de sofrimento comum. A sororidade feminista está fundamentada no comprometimento compartilhado de lutar contra a injustiça patriarcal, não importa a forma que a injustiça toma. Solidariedade política entre mulheres sempre enfraquece o sexismo e prepara o caminho para derrubar o patriarcado. É importante destacar que a sororidade jamais teria sido possível para além dos limites de raça e classe se mulheres individuais não estivessem dispostas a renunciar a seu poder de dominação e exploração de grupos subordinados de mulheres. Enquanto mulheres usarem poder de classe e de raça para dominar outras mulheres, a sororidade feminista não poderá existir por completo.

Enquanto nos anos 1980 mais mulheres começaram a oportunamente reivindicar o feminismo sem ter participado da conscientização feminista que teria dado a elas condição para renunciarem ao sexismo, o pressuposto patriarcal de que o poderoso deve exercer autoridade sobre o fraco permeava suas relações com outras mulheres. Enquanto mulheres, principalmente as brancas privilegiadas previamente desprovidas de direito, começaram a adquirir poder social sem abrir mão do sexismo internalizado, as divisões entre as mulheres se intensificaram. Quando mulheres não brancas criticaram o racismo dentro da sociedade como um todo e chamaram atenção para as formas com que o racismo moldou e influenciou a prática e a teoria feministas, várias mulheres brancas simplesmente deram as costas para a sororidade e fecharam a mente e o coração. E isso é igualmente verdadeiro para as questões de classismo entre mulheres.

Lembro-me de quando mulheres feministas, principalmente as brancas com privilégios de classe, debatiam se deveriam ou não contratar ajuda para trabalhos domésticos, tentando criar maneira de não participar da subordinação e da desumanização de mulheres menos favorecidas. Algumas daquelas mulheres foram bem-sucedidas em criar uma ligação positiva entre elas e as mulheres que contratavam, de forma que pudesse haver avanço mútuo em um contexto maior de desigualdade. Em vez de abandonar o conceito de sororidade, porque não poderiam alcançar um estado utópico, criaram uma verdadeira sororidade, tal que levasse em consideração as necessidades de todas as envolvidas. Esse foi o trabalho árduo de solidariedade feminista entre mulheres. Infelizmente, quando o oportunismo dentro do feminismo se intensificou, quando as conquistas feministas se tornaram lugar-comum e passaram a ser vistas como pressupostos garantidos, várias mulheres não quiseram se dedicar ao trabalho de criar e sustentar solidariedade.

Um grande número de mulheres simplesmente abandonou a noção de sororidade. Mulheres individuais que já

O FEMINISMO É PARA TODO MUNDO

haviam criticado e desafiado o patriarcado se realinharam com homens sexistas. Mulheres radicais que se sentiram traídas pela feroz competição negativa entre mulheres muitas vezes apenas recuaram. E, nesse ponto, o movimento feminista, que tinha como foco transformar positivamente a vida de todas as mulheres, ficou ainda mais estratificado. A visão de sororidade, que havia sido a palavra de ordem do movimento para várias mulheres, parecia não importar mais. Solidariedade política entre mulheres, antes a força que fazia mudanças positivas acontecerem, foi e ainda é constantemente desvalorizada e ameaçada. Como consequência, estamos precisando tanto da renovação do comprometimento com a solidariedade política entre mulheres quanto precisávamos quando o movimento feminista contemporâneo começou.

Quando o movimento feminista contemporâneo começou, enxergávamos a sororidade sem qualquer compreensão concreta do trabalho real que seria necessário para tornar a solidariedade política uma realidade. Através de experiência e trabalho árduo, e, sim, aprendendo com nossos fracassos e erros, temos agora um *corpus* de teoria e prática compartilhada que pode ensinar a novas defensoras de políticas feministas o que deve ser feito para criar, sustentar e proteger nossa solidariedade. Uma vez que multidões de jovens mulheres sabem pouco sobre feminismo e várias assumem falsamente que sexismo não é mais um problema, a educação feminista para uma consciência crítica deve ser contínua. Pensadoras feministas mais velhas não podem pressupor que jovens mulheres simplesmente vão adquirir conhecimento sobre feminismo ao longo da vida adulta. Elas precisam de orientação. De um modo geral, as mulheres em nossa sociedade estão esquecendo o valor e o poder da sororidade. Movimentos feministas renovados devem novamente levantar alto a bandeira e proclamar mais uma vez: "A sororidade é poderosa."

Grupos radicais de mulheres continuam nosso comprometimento com a construção da sororidade e com o estabelecimento da solidariedade política feminista entre mulheres como uma realidade em curso. Continuamos o trabalho de conectar raça e classe. Continuamos a produzir o pensamento e a prática antissexista que confirmam a realidade de que mulheres conseguem alcançar a autorrealização e o sucesso sem dominar umas às outras. E temos a sorte de saber, em todos os dias da nossa vida, que a sororidade é uma possibilidade concreta, que a sororidade ainda é poderosa.

4. Educação feminista para uma consciência crítica

Antes das aulas de Estudos de Mulheres, antes da literatura feminista, mulheres individuais aprendiam sobre feminismo em grupos. As mulheres naqueles grupos foram as primeiras que começaram a criar uma teoria feminista que incluía tanto análise do sexismo quanto estratégias para desafiar o patriarcado e novos modelos de interação social. Tudo o que fazemos na vida está fundamentado em teoria. Seja quando conscientemente exploramos as razões para termos uma perspectiva específica, seja quando tomamos uma ação específica, há um sistema implícito moldando pensamento e prática. Logo em seu início, a teoria feminista tinha como principal objetivo explicar para mulheres e homens como o pensamento sexista funcionava e como podemos desafiá-lo e mudá-lo.

Naquela época, a maioria de nós foi socializada por pais e mães e pela sociedade para aceitar pensamentos sexistas. Não nos dedicamos a descobrir as origens de nossas percepções. O pensamento feminista e a teoria feminista nos incitaram a fazer isso. Primeiro, a teoria feminista foi transmitida boca a boca ou por meio de jornais e panfletos de impressão barata. O desenvolvimento da publicação de mulheres (em que mulheres

O FEMINISMO É PARA TODO MUNDO

escreveram, imprimiram e controlaram a produção em todos os níveis, incluindo o marketing) tornou-se local para disseminação do pensamento feminista. Quando meu primeiro livro, *E eu não sou uma mulher? Mulheres negras e o feminismo*, escrito nos anos 1970 e publicado em 1981, foi produzido por um pequeno coletivo socialista, South End Press, pelo menos metade dos integrantes era mulher e todos os integrantes eram antissexistas.

Produzir um *corpus* de literatura feminista junto com a demanda de recuperação da história das mulheres foi uma das mais poderosas e bem-sucedidas intervenções do feminismo contemporâneo. Em todas as esferas da escrita literária e da bibliografia acadêmica, trabalhos produzidos por mulheres haviam recebido pouca ou nenhuma atenção, uma consequência da discriminação de gênero. Notavelmente, quando o movimento feminista expôs preconceitos na composição e currículos, muitos desses trabalhos esquecidos e ignorados foram redescobertos. A elaboração de programas de Estudos de Mulheres em faculdades e universidades proporcionou a legitimação institucional do foco acadêmico em trabalhos feitos por mulheres. Seguindo o surgimento dos Estudos Negros, o programa de Estudos de Mulheres se tornou local de aprendizado sobre gênero, sobre mulheres, a partir de uma perspectiva não tendenciosa.

Em oposição aos estereótipos populares, professoras de Estudos de Mulheres não menosprezavam e não menosprezam trabalhos feitos por homens. Intervimos em pensamentos sexistas mostrando que o trabalho de mulheres é frequentemente tão bom e tão interessante, se não mais, do que trabalhos de homens. A chamada grande literatura produzida por homens é criticada apenas para mostrar os

EDUCAÇÃO FEMINISTA PARA UMA CONSCIÊNCIA CRÍTICA

preconceitos presentes na abordagem de valores estéticos. Jamais tive ou sequer ouvi falar de uma aula do programa de Estudos de Mulheres em que trabalhos feitos por homens eram considerados menos importantes ou irrelevantes. Críticas feministas de cânones acadêmicos ou trabalhos literários totalmente masculinos expõem preconceito baseado em gênero. É importante notar que essas exposições foram essenciais para estabelecer um local de recuperação do trabalho de mulheres e um lugar contemporâneo para a produção de novos trabalhos por e sobre mulheres.

O movimento feminista se fortaleceu quando encontrou o caminho da academia. Em salas de aula por toda a nação, mentes jovens eram capazes de aprender sobre pensamento feminista, ler a teoria e usá-la em pesquisas acadêmicas. Quando eu era estudante de pós-graduação e me preparava para escrever a dissertação, o pensamento feminista me permitiu escolher escrever sobre uma escritora negra que não era muito lida na ocasião, Toni Morrison. Pouquíssimos trabalhos literários sérios foram feitos sobre obras de escritoras negras antes do movimento feminista. Quando Alice Walker ficou famosa, ela participou do trabalho de recuperação da obra da escritora Zora Neale Hurston, que rapidamente se tornou a escritora negra amplamente canonizada na literatura norte-americana. O movimento feminista criou uma revolução quando exigiu respeito pelo trabalho acadêmico de mulheres, reconhecimento desse trabalho do passado e do presente e o fim dos preconceitos de gênero em currículos e na pedagogia.

A institucionalização dos Estudos de Mulheres ajudou a espalhar a notícia sobre o feminismo. Ofereceu um local legítimo para conversas ao proporcionar um grupo contínuo formado por mentes abertas. Estudantes que frequentavam aulas de Estudos de Mulheres estavam lá para aprender. Queriam saber mais sobre o pensamento feminista. E foi nessas aulas que muitas de nós acordamos politicamente. Cheguei ao pensamento feminista desafiando a dominação masculina em nosso lar patriarcal. Mas simplesmente ser vítima de um sistema explorador e opressor e até mesmo resistir a ele não significa que entendemos por que ele existe ou como mudá-lo. Minha adesão às políticas feministas aconteceu muito antes de eu entrar para a faculdade, mas a sala de aula feminista foi o local onde aprendi o pensamento feminista e a teoria feminista. E foi naquele espaço que fui incentivada a pensar criticamente e a escrever sobre a experiência de mulher negra.

Ao longo dos anos 1970, a produção de pensamento e teoria feministas era um trabalho colaborativo em que mulheres constantemente dialogavam sobre ideias, testando e reformulando nossos paradigmas. De fato, quando mulheres negras e mulheres de outras etnias levantaram a questão sobre o preconceito racial como fator que moldava o pensamento feminista, havia um início de resistência contra a noção de que muito do que as mulheres de classe privilegiada tinham identificado como verdadeiro para a experiência da mulher poderia ser falho, mas ao longo do tempo a teoria feminista mudou. Ainda que várias pensadoras brancas fossem capazes de reconhecer seu preconceito sem se dar ao trabalho de repensar, isso foi uma virada importante. Ao final dos anos 1980, a maioria da bibliografia feminista refletia uma conscientização das diferenças de raça e classe. Mulheres acadêmicas verdadeiramente comprometidas com o movimento feminista e com a solidariedade feminista estavam ansiosas para produzir uma teoria que pudesse abordar as realidades da maioria das mulheres.

Enquanto a legitimação acadêmica era crucial para o avanço do pensamento feminista, ela criou uma nova combinação de dificuldades. De repente, o pensamento feminista que surgiu diretamente da teoria e da prática recebeu menos atenção do que a teoria metalinguística, criando um jargão próprio; foi escrita exclusivamente para o público acadêmico. Era como se um grande número de pensadoras feministas tivesse se juntado para formar um grupo de elite e escrever uma teoria que pudesse ser compreendida somente por um bando "inserido".

Mulheres e homens fora do domínio acadêmico já não eram considerados público importante. Pensamento e teoria feministas já não estavam amarrados com o movimento feminista. Políticas acadêmicas e planos de carreira ofuscaram as políticas feministas. A teoria feminista passou a ser hospedada por um gueto acadêmico com pouca conexão com o mundo lá fora. Trabalhos que eram e são produzidos na academia muitas vezes são visionários, mas essas ideias raramente alcançam as pessoas. Como consequência, a academização do pensamento feminista dessa maneira enfraquece o movimento feminista por meio da despolitização. Desradicalizado, ele passa a ser uma disciplina como outra qualquer, com a única diferença de que o foco está no gênero.

Uma literatura que ajuda a informar uma multidão de pessoas, que ajuda indivíduos a compreenderem o pensamento e as políticas feministas, precisa ser escrita em uma vasta gama de estilos e formatos. Precisamos de trabalhos principalmente direcionados à cultura jovem. Ninguém produz esse tipo de trabalho em contexto acadêmico. Sem abandonar os programas de Estudos de Mulheres, que já correm risco em faculdades e universidades com conservadores tentando desfazer as mudanças geradas pelas lutas por justiça de gênero, precisamos de estudos feministas baseados na comunidade. Imagine um movimento feminista fundamentado na massa, em que o pessoal vai de porta em porta distribuindo literatura e dedicando tempo (como fazem os grupos religiosos) para explicar às pessoas do que se trata o feminismo.

Quando o movimento feminista contemporâneo estava em seu ápice, tendências sexistas em livros infantis eram criticadas. Escreviam-se livros "para crianças livres". Quando deixamos de ser críticos e atentos, o sexismo voltou a aparecer. A literatura infantil é um dos locais cruciais para a educação feminista, para a conscientização crítica, exatamente porque crenças e identidades ainda estão sendo formadas. E, com muita frequência, os pensamentos retrógrados sobre gênero continuam sendo a norma nos parquinhos. A educação pública para crianças precisa ser um local onde ativistas feministas continuem fazendo o trabalho de criar currículos sem preconceitos.

Movimentos feministas futuros precisam necessariamente pensar em educação feminista como algo importante na vida de todo mundo. Apesar dos ganhos econômicos de mulheres feministas individuais, de muitas mulheres que acumularam riqueza ou aceitaram a contribuição de homens ricos e que são nossas companheiras na luta, não criamos escolas fundamentadas em princípios feministas para meninas e meninos, para mulheres e homens. Ao falhar na criação de um movimento educacional de massa para ensinar a todo mundo sobre feminismo, permitimos que a mídia de

EDUCAÇÃO FEMINISTA PARA UMA CONSCIÊNCIA CRÍTICA

massa patriarcal permanecesse como o principal local em que as pessoas aprendem sobre feminismo, e a maioria do que aprendem é negativa. Ensinar pensamento e teoria feminista para todo mundo significa que precisamos alcançar além da palavra acadêmica e até mesmo da palavra escrita. Há uma multidão que não tem habilidade para ler a maioria dos livros feministas. Audiolivros, músicas, rádio e televisão são formas de compartilhar o conhecimento feminista. E é claro que precisamos de um canal de televisão feminista, o que não é a mesma coisa que um canal de televisão para mulheres. Estimular a arrecadação de fundos para criar um canal de televisão feminista ajudaria a espalhar o pensamento feminista globalmente. Se não pudermos ter um canal de televisão, vamos pagar por um tempo em algum canal já existente. Depois de anos sendo propriedade de homens, nem todos antissexistas, a revista *Ms.** agora é de mulheres que são profundamente comprometidas com os princípios feministas. Esse é um passo na direção certa.

Se não trabalharmos para criar um movimento de massa que oferece educação feminista para todo mundo, mulheres e homens, teoria e prática feministas serão sempre enfraquecidas

---

* *Ms.* é uma revista feminista, ou, como o slogan diz: "É mais do que uma revista, é um movimento." Com o editorial composto só por mulheres, *Ms.* está nas mídias sociais e também é publicada no formato tradicional e eletrônico. *Ms.* surgiu na década de 1970, durante a segunda onda do movimento feminista; Gloria Steinem foi uma das fundadoras. O primeiro número foi distribuído como encarte da *New York Magazine*, um teste com 300 mil exemplares que rendeu 26 mil assinaturas e mais de 20 mil cartas de leitoras em uma semana. Hoje, é publicada em parceria com a Feminist Majority Foundation e distribuída trimestralmente. *Ms.* foi a primeira revista norte-americana a permitir que vozes feministas fossem ouvidas, e a proporcionar um jornalismo com visão de mundo feminista. (*N. da T.*)

O FEMINISMO É PARA TODO MUNDO

pela informação negativa produzida na maioria das mídias convencionais. Os cidadãos desta nação não conseguirão conhecer as contribuições positivas do movimento feminista para a vida de todos nós se nós não enfatizarmos esses ganhos. Contribuições feministas construtivas para o bem-estar de nossas comunidades e da sociedade são frequentemente apropriadas pela cultura dominante, que então projeta representações negativas do feminismo. A maioria das pessoas não tem conhecimento da miríade de maneiras que o feminismo mudou positivamente nossa vida. Compartilhar pensamentos e práticas feministas sustenta o movimento feminista. O conhecimento sobre o feminismo é para todo mundo.

5. Nosso corpo, nosso ser: direitos reprodutivos

Quando o movimento feminista começou, os problemas apresentados como mais relevantes eram aqueles diretamente ligados às experiências de mulheres brancas com alto nível de educação (a maioria com privilégios materiais). Uma vez que o movimento feminista aconteceu na esteira dos direitos civis e da libertação sexual, naquele momento parecia apropriado que questões referentes ao corpo feminino fossem priorizadas. Ao contrário da imagem que a mídia de massa apresentou ao mundo – um movimento feminista começando com mulheres queimando sutiãs durante um concurso de Miss América e, depois, mulheres a favor do aborto – uma das primeiras questões catalisadoras da formação do movimento foi a sexualidade – a questão dos direitos das mulheres de escolher quando e com quem seriam sexuais. A exploração sexual do corpo das mulheres tinha sido ocorrência comum em movimentos radicais por justiça social, fossem eles socialistas, pelos direitos civis etc.

Quando a chamada revolução sexual estava no auge, a questão do amor livre (que, em geral, significava fazer quanto sexo uma pessoa desejasse e com quem desejasse) colocou as mulheres frente a frente com a questão da gravidez indesejada.

O FEMINISMO É PARA TODO MUNDO

Antes que pudesse haver qualquer igualdade de gênero em relação à questão do amor livre, mulheres precisavam ter acesso garantido a métodos contraceptivos seguros e eficientes e ao aborto. Enquanto mulheres brancas individuais, com privilégios de classe, frequentemente tinham acesso a ambas as garantias, a maioria das mulheres não tinha. Era frequente que mulheres individuais com privilégio de classe tivessem vergonha demais de uma gravidez indesejada para aproveitar o acesso mais direto que tinham aos cuidados de um sistema de saúde responsável. As mulheres do fim dos anos 1960 e início dos 1970 que clamavam por aborto tinham visto as tragédias de abortos ilegais e a miséria de casamentos forçados como consequência de uma gravidez indesejada. Vários de nós somos as crianças não planejadas de mulheres talentosas e criativas cuja vida foi mudada por uma gravidez não planejada ou indesejada. Nós testemunhamos a amargura, a raiva, a frustração com sua situação de vida. E estava claro para nós que não poderia haver qualquer libertação sexual genuína para mulheres e homens sem melhores e mais seguros métodos contraceptivos – sem o direito ao aborto seguro e legal.

Olhando em retrospecto, é evidente que ressaltar o aborto em vez de ressaltar direitos reprodutivos como um todo refletia o preconceito de classe das mulheres que encabeçavam o movimento. Enquanto a questão do aborto foi e permanece relevante para todas as mulheres, houve outras questões reprodutivas que eram tão vitais quanto, que precisavam de atenção e poderiam ter servido para incentivar multidões. Essas questões iam desde educação sexual básica, controle pré-natal, medicina preventiva – que ajudassem mulheres a compreender como o corpo funciona – à esterilização forçada, cesarianas desnecessárias e/ou histerectomias e as complicações médicas que esses procedimentos causavam. De todas essas questões, mulheres brancas individuais com privilégio de classe se identificaram mais intimamente com a dor da gravidez indesejada. E destacaram a questão do aborto. De maneira alguma formavam o único grupo que precisava de aborto seguro e legal. Como já dito, elas tinham muito mais probabilidade de ter meios de conseguir fazer um aborto do que mulheres pobres da classe trabalhadora. Naqueles dias, mulheres pobres, incluindo as mulheres negras, constantemente procuravam por aborto ilegal. O direito de abortar não era uma questão exclusiva de mulheres brancas; simplesmente não era a única nem mesmo a mais importante questão reprodutiva para uma multidão de mulheres norte-americanas.

O desenvolvimento de eficientes, apesar de não totalmente seguras, pílulas anticoncepcionais (criadas por cientistas homens, a maioria dos quais não era antissexista) realmente abriu mais o caminho para a libertação sexual feminina do que o direito ao aborto. Mulheres que, como eu, estavam no fim da adolescência quando a pílula começou a ser amplamente distribuída estavam livres do medo e da vergonha da gravidez indesejada. O controle de natalidade responsável libertou muitas mulheres – que, como eu, eram pró-escolha, mas não necessariamente defendiam o aborto para nós mesmas – de ter que confrontar a questão pessoalmente. Enquanto nunca tive uma gravidez indesejada no auge da libertação sexual, muitas de minhas parceiras viram o aborto como uma opção melhor do que o uso consciente e cauteloso de pílulas anticoncepcionais. E elas com frequência usaram o aborto como método de controle de natalidade. O

O FEMINISMO É PARA TODO MUNDO

uso da pílula significou que a mulher estava confrontando diretamente sua escolha de ser sexualmente ativa. Em geral, homens consideravam sexualmente soltas as mulheres mais conscientes sobre o controle de natalidade. Era mais fácil para algumas mulheres deixar as coisas acontecerem durante o sexo e mais tarde cuidar do "problema" com um aborto. Hoje sabemos que tanto repetidos abortos quanto o uso prolongado de pílulas anticoncepcionais com alto nível de estrogênio apresentam riscos. Ainda assim, mulheres estavam dispostas a se arriscar para ter liberdade sexual – para ter o direito de escolha.

A questão do aborto chamou atenção da mídia de massa porque realmente desafiou o pensamento cristão fundamentalista. Desafiou diretamente a noção de que a razão da existência de uma mulher é gerar crianças. Chamou atenção da nação para o corpo da mulher de uma forma que nenhuma outra questão poderia fazer. Era um desafio direcionado à igreja. Mais tarde, todas as outras questões reprodutivas para as quais pensadoras feministas chamaram atenção eram com frequência ignoradas pela mídia de massa. Os problemas médicos de longo prazo, desde cesarianas a histerectomias, não eram assuntos interessantes para a mídia de massa; frequentemente chamaram atenção para um sistema médico patriarcal capitalista dominado por homens, que controlava o corpo das mulheres e fazia com elas qualquer coisa que quisesse fazer. Focar em injustiça de gênero nessas arenas teria sido um tanto quanto radical para uma mídia de massa que permanece profundamente conservadora e, em sua maioria, antifeminista.

Nenhuma ativista feminista no fim dos anos 1960 e início dos anos 1970 imaginou que teríamos que lutar por direitos reprodutivos nos anos 1990. Uma vez que o movimento feminista criou a revolução cultural que fez com que o uso de anticoncepcionais relativamente seguros fosse aceitável e o direito de fazer aborto seguro e legal fosse possível, as mulheres simplesmente presumiram que esses direitos jamais seriam questionados novamente. A morte de um movimento feminista radical de base popular e organizado, combinada com uma reação antifeminista de uma frente organizada de posicionamento político de direita que se fundamenta em interpretações fundamentalistas da religião, colocou o aborto novamente na pauta política. O direito das mulheres de escolher foi então questionado.

Infelizmente, a plataforma antiaborto se concentrou mais veementemente nos abortos subsidiados pelo Estado, baratos e, quando necessário, gratuitos.* Como consequência, mulheres de todas as raças que têm privilégios de classe continuam a ter acesso a abortos seguros – continuam tendo o direito de escolher –, enquanto as mulheres em desvantagem material sofrem. Uma multidão de mulheres pobres e da classe trabalhadora perde acesso ao aborto quando não há subsídio do governo disponível para direitos reprodutivos no sistema de saúde. Mulheres com privilégio de classe

---

* Em 1973, em sentença do caso Roe *versus* Wade, a Suprema Corte norte-americana declarou inconstitucional qualquer lei estadual que proíba o aborto até o nascimento do bebê. Contudo, a Emenda Hyde, publicada em 1976, suspendeu o financiamento público a serviços de aborto, exceto em casos de estupro ou quando a vida da mulher está em risco. Indiretamente, porém, verba pública podia ser destinada para financiar exames e consultas em clínicas que realizam o procedimento. No início de 2018, o governo de Donald Trump anunciou cortes de verba federal a quaisquer organizações que ofereçam ou mencionem a possibilidade de realização do procedimento de aborto a suas pacientes. (*N. da T.*)

O FEMINISMO É PARA TODO MUNDO

não se sentem ameaçadas quando abortos podem ser feitos somente quando se tem muito dinheiro, porque elas ainda podem fazê-los. Mas há uma multidão de mulheres que não tem poder de classe. Mais mulheres do que nunca estão entrando para as estatísticas de pessoas pobres e indigentes. Sem direito a abortos seguros, baratos ou gratuitos, elas perdem todo o controle sobre o corpo. Se voltarmos a um mundo no qual abortos são somente acessíveis a mulheres com muito dinheiro, arriscamos o retorno de uma política pública que tem por objetivo tornar o aborto ilegal. Já está acontecendo em vários estados conservadores. Mulheres de todas as classes devem continuar a fazer abortos seguros, legais e financeiramente acessíveis.

O direito das mulheres de escolher se querem ou não fazer aborto é apenas um aspecto da liberdade reprodutiva. Dependendo da idade de uma mulher e de sua circunstância de vida, o aspecto do direito reprodutivo que mais importa a ela vai mudar. Uma mulher sexualmente ativa, por volta de seus 20 ou 30 anos, que pensa que pílulas anticoncepcionais não são seguras, pode um dia encarar uma gravidez indesejada, então o direito de fazer um aborto legal, seguro e barato pode ser a questão reprodutiva mais relevante. Mas quando ela está na menopausa e os médicos a incentivam a fazer histerectomia, essa pode ser a questão mais relevante em direitos reprodutivos.

Ao tentarmos reavivar as chamas do movimento feminista de base popular, direitos reprodutivos permanecerão na pauta feminista central. Se as mulheres não têm o direito de escolher o que acontece com nosso corpo, arriscamos renunciar direitos em outras áreas da vida. No movimento feminista renovado, a questão geral de direitos reprodutivos precede qualquer outra questão. Isso não quer dizer que os esforços para a aprovação do aborto legal, seguro e barato não permaneça central, simplesmente não será a única questão central. Se educação sexual, medicina preventiva e fácil acesso a métodos contraceptivos forem oferecidos para todas as mulheres, menos de nós teremos gravidez indesejada. Como consequência, a necessidade de aborto iria diminuir.

Perder terreno na questão do aborto legal, seguro e barato significa para as mulheres perder terreno em todas as questões reprodutivas. O movimento antiescolha é fundamentalmente antifeminista. Enquanto é possível que mulheres escolham individualmente jamais fazer um aborto, ser fiel às políticas feministas significa que ainda assim são pró-escolha, que apoiam o direito que as mulheres que precisam abortar tenham direito de escolher se vão ou não fazê-lo. Jovens mulheres que sempre tiveram acesso a métodos contraceptivos eficientes – que nunca testemunharam as tragédias causadas pelo aborto ilegal – não têm experiência do que é impotência e vulnerabilidade à exploração, que sempre serão consequências de as mulheres não terem direitos reprodutivos. É necessária uma contínua discussão sobre a variedade de questões listadas sob o item "direitos reprodutivos", se quisermos que mulheres de todas as idades e os homens que são nossos aliados na luta entendam por que esses direitos são importantes. Essa compreensão é a base de nosso comprometimento para manter os direitos reprodutivos como uma realidade para todas as mulheres. O foco feminista em direitos reprodutivos é necessário para proteger e sustentar nossa liberdade.

6. Beleza por dentro e por fora

Desafiar o pensamento sexista em relação ao corpo da mulher foi uma das intervenções mais poderosas feitas pelo movimento feminista contemporâneo. Antes da libertação das mulheres, todas as mulheres, mais jovens ou mais velhas, foram socializadas pelo pensamento sexista para acreditar que nosso valor estava somente na imagem e em ser ou não notada como pessoa de boa aparência, principalmente por homens. Com a compreensão de que mulheres jamais seriam libertadas se não desenvolvêssemos autoestima saudável e amor-próprio, pensadoras feministas foram direto no xis da questão – examinando criticamente como nos sentimos e o que pensamos sobre nosso corpo e oferecendo estratégias construtivas para mudança. Ao olhar para trás, depois de anos me sentindo à vontade para escolher se usaria ou não sutiã, consigo me lembrar de como isso foi uma decisão importante há trinta anos. Mulheres se despindo de roupas desconfortáveis, limitativas e que não eram saudáveis – sutiãs, cintas, espartilho, cinta-liga etc. – foi um pedido ritualístico e radical por saúde e glória do corpo feminino. As mulheres de hoje que nunca conheceram tais restrições podem apenas confiar em nós quando falamos que essa luta foi importante.

Em nível mais profundo, esse ritual validou para as mulheres o uso de roupas confortáveis em todos os níveis da vida. Só o fato de poder usar calças para trabalhar foi maravilhoso para várias mulheres cujo trabalho exigia que se abaixassem ou que se inclinassem sobre algo. Para mulheres que nunca se sentiram confortáveis em vestidos e saias, todas essas mudanças foram animadoras. Hoje em dia, podem parecer triviais para as mulheres que tiveram liberdade desde a infância para escolher o que gostariam de vestir. Várias mulheres adultas engajadas no feminismo pararam de usar os desconfortáveis e deformadores sapatos de salto alto. Essas mudanças levaram a indústria de calçados a desenvolver sapatos baixos e confortáveis para mulheres. Não mais forçadas pela tradição sexista a usar maquiagem, mulheres se olharam no espelho e aprenderam a nos encarar do jeito que somos.

A revolução do vestuário e do corpo criada pelas intervenções feministas fez com que mulheres aprendessem que nossa carne merecia amor e adoração em seu estado natural; nada precisava ser acrescentado, a não ser que uma mulher escolhesse se enfeitar. Inicialmente, investidores capitalistas da indústria de cosméticos e moda temiam que feministas fossem destruir seus negócios. Financiaram campanhas na mídia de massa que banalizava a libertação da mulher, criando imagens que sugeriam que feministas eram grandes, hipermasculinas, simples, velhas feias. Na realidade, mulheres envolvidas com o movimento feminista tinham todas as formas e tamanhos. Éramos totalmente diversas. E era sensacional ser livre para apreciar nossas diferenças sem julgamento ou competição.

Houve um período, no início do feminismo, em que várias ativistas abdicaram do interesse por moda e imagem.

BELEZA POR DENTRO E POR FORA

Essas pessoas frequentemente eram severas na crítica a qualquer mulher que demonstrasse interesse em trajes com babados e em maquiagem. A maioria de nós estava animada por ter opção. E quando tínhamos escolha, frequentemente escolhíamos o que era direcionado a conforto e bem-estar. Nunca foi uma questão simples para mulheres reunir o amor à beleza e ao estilo com conforto e bem-estar. As mulheres precisaram exigir que a indústria da moda (que naquele tempo era completamente dominada pelos homens) criasse diversos estilos de roupa. Revistas mudaram (ativistas feministas pediam por mais mulheres escritoras e artigos sérios sobre o tema). Pela primeira vez na história de nossa nação, mulheres foram forçadas a reconhecer a força dos nossos dólares consumistas e a usar esse poder para criar mudanças positivas.

Desafiar a indústria da moda definida com base no sexismo abriu espaço para mulheres examinarem, pela primeira vez na vida, os aspectos patológicos e de risco à vida da obsessão pela imagem. Compulsão por comida e compulsão por privação de comida eram destaque. Enquanto criavam "looks" diferentes, esses vícios que ameaçavam vidas tinham a mesma origem. O movimento feminista forçou o sistema de saúde sexista a prestar atenção nessas questões. Inicialmente, esse sistema ignorou a crítica feminista. Mas quando as feministas começaram a criar centros de saúde, oferecendo espaço para uma medicina positiva centrada na mulher, a indústria médica se deu conta de que, assim como na moda, uma multidão de mulheres levaria seus dólares consumistas para espaços de promoção da saúde que proporcionassem mais cuidado, tranquilidade e respeito pelo corpo da mulher. Todas as mudanças positivas no comportamento em estabelecimentos de saúde direcionados ao corpo feminino, direcionados à medicina da mulher, são resultado direto de luta feminista. Quando a questão é sistema de saúde, é levar a sério nosso corpo, as mulheres continuam a desafiar e a confrontar a indústria médica. Esse é um dos poucos espaços em que a luta feminista reúne apoio em massa das mulheres, estejam elas ou não comprometidas com as políticas feministas. Vemos o poder coletivo das mulheres quando o assunto são questões ginecológicas, tipos de câncer (principalmente o câncer de mama) que ameaçam as mulheres mais que os homens e, mais recentemente, doenças cardíacas.

A luta feminista para acabar com os distúrbios alimentares é uma batalha em curso, porque a obsessão da nossa nação em julgar mulheres de todas as idades com base em nossa aparência jamais foi eliminada. Ainda está arraigada em nossa imaginação cultural. No início dos anos 1980, muitas mulheres estavam se afastando do feminismo. Enquanto todas as mulheres colhiam os benefícios das intervenções feministas, mais e mais mulheres aderiam a uma nova noção sexista de beleza. Mulheres individuais que estavam com 20 anos quando o movimento feminista contemporâneo começou estavam com mais de 40 e chegando aos 50 anos. Ainda que as mudanças feministas na maneira como enxergamos o corpo feminino tivessem tornado o envelhecimento uma experiência mais positiva para as mulheres, encarar a realidade do envelhecimento na sociedade patriarcal, principalmente a realidade de não mais poder gerar crianças, levou várias mulheres a adotar novamente as antigas noções sexistas de beleza feminina.

Hoje, mais do que em qualquer outro momento da história de nossa nação, um grande número de mulheres

BELEZA POR DENTRO E POR FORA

heterossexuais com mais de 40 anos era e ainda é de solteiras. Quando se veem competindo com mulheres mais jovens (muitas das quais não são e jamais serão feministas) pela atenção de homens, frequentemente emulam representações sexistas da beleza feminina. Certamente era do interesse da indústria de moda e cosméticos capitalista patriarcal de supremacia branca "glamorizar novamente" as noções sexistas de beleza. A mídia de massa seguiu esses passos. Em filmes, na televisão e em anúncios públicos, imagens de mulheres magrelas, de cabelos pintados de loiro e com aparência de quem mataria por uma bela refeição tornou-se a norma. De volta com uma vingança, imagens sexistas de beleza feminina abundavam e ameaçavam desfazer grande parte do progresso alcançado pelas intervenções feministas.

Tragicamente, apesar de as mulheres estarem mais atentas do que jamais estiveram quanto à disseminação do problema de distúrbios alimentares que ameaçam a vida, ocorrida ao longo da história de nossa nação, um grande grupo de mulheres, desde as muito jovens às muito velhas, ainda passa fome para serem magras. A anorexia se tornou um tema lugar-comum, um assunto em livros, filmes etc. Mas nenhuma previsão assustadora funciona para intimidar as mulheres que acreditam que sua dignidade, sua beleza e seu valor intrínseco serão determinados pelo fato de serem ou não magras. É possível que as revistas de moda atuais tragam um artigo sobre os perigos da anorexia ao mesmo tempo que bombardeiam leitores com imagens de corpos jovens emaciados representando o máximo da beleza e da desejabilidade. Essa mensagem confusa é prejudicial principalmente às mulheres que jamais reivindicaram políticas feministas. Ainda assim, há intervenções feministas recentes

O FEMINISMO É PARA TODO MUNDO

com objetivo de renovar nossos esforços para afirmar a beleza natural dos corpos femininos.

As garotas de hoje muitas vezes têm tanto auto-ódio quando o assunto é o corpo quanto tinham suas companheiras pré-feministas. Enquanto o movimento feminista produziu tantos tipos de revistas pró-mulher, nenhuma revista de moda com orientação feminista surgiu para oferecer às mulheres visões alternativas de beleza. Criticar imagens sexistas sem oferecer alternativas é uma intervenção incompleta. A crítica em si não leva à mudança. De fato, muita crítica feminista à beleza somente deixou mulheres confusas quanto à escolha saudável que deveriam fazer. Como mulher de meia-idade que hoje engorda mais do que jamais engordei na vida, quero trabalhar para eliminar quilos sem aderir ao auto-ódio do corpo sexista para isso. Hoje, no mundo da moda – principalmente do lado do consumidor, uma vez que roupas que parecem ter sido feitas somente para corpos de garotas adolescentes magrelas são a norma –, todas as mulheres, independentemente da idade, são socializadas tanto conscientemente quanto inconscientemente para ter ansiedade em relação ao corpo, para enxergar a carne como algo problemático. Enquanto temos sorte de algumas lojas venderem roupas bonitas para mulheres de todos os tamanhos e formas, com frequência, essas roupas são muito mais caras do que as roupas mais baratas que a indústria da moda comercializa focada no público geral. As revistas de hoje em dia estão cada vez mais parecendo revistas do passado. Cada vez mais, homens assinam os artigos. Raramente, artigos apresentam perspectiva feminista ou conteúdo feminista. E a moda representada tende a refletir a estética sexista.

BELEZA POR DENTRO E POR FORA

Essas mudanças não têm sido reconhecidas publicamente, porque muitas mulheres feministas que chegaram à maturidade da vida adulta exercitam a liberdade de escolha e procuram alternativas saudáveis para modelos de beleza. No entanto, se abandonarmos a luta para eliminar totalmente as noções de beleza definidas pelo sexismo, arriscamos minar todas as maravilhosas intervenções feministas que nos permitiram assumir e amar nosso corpo e nós mesmas. Apesar de todas as mulheres estarem mais cientes das armadilhas e dos perigos de aderir às noções sexistas de beleza feminina, não estamos fazendo o suficiente para eliminar esses perigos – para criar alternativas.

Meninas e garotas adolescentes não saberão que pensadoras feministas reconhecem tanto o valor da beleza quanto dos enfeites, se continuarmos a permitir que estéticas patriarcais inspirem a indústria da beleza em todas as esferas. A rígida rejeição feminista dos desejos femininos por beleza enfraqueceu as políticas feministas. Ainda que essa estética seja mais incomum, é frequentemente apresentada pela mídia de massa como a maneira de pensar das feministas. Não seremos livres até que as feministas retornem à indústria da beleza, retornem à moda e criem uma revolução contínua e sustentável. Não saberemos como amar nosso corpo e a nós mesmas.

7. Luta de classes feminista

A diferença de classes e a maneira como isso divide as mulheres foi uma questão sobre a qual mulheres do movimento feminista falavam bem antes de abordar raça. Nos círculos primordialmente brancos de um recém-formado movimento de libertação das mulheres, a forma mais explícita de separação das mulheres era por classes. Mulheres brancas da classe trabalhadora reconheceram a presença de hierarquias de classes no movimento. Surgiram conflitos entre a visão reformista de libertação das mulheres, que basicamente exigia direitos iguais para mulheres dentro da estrutura de classes existente, e modelos mais radicais e/ou revolucionários, que clamavam por uma mudança fundamental na estrutura existente, para que modelos de reciprocidade e igualdade pudessem substituir antigos paradigmas. No entanto, à medida que o movimento feminista progredia e grupos privilegiados de mulheres brancas com alto nível de educação começaram a ter acesso ao poder de classe igual ao de seus companheiros homens, a luta de classe feminista já não era considerada importante.

Desde o começo do movimento, mulheres de classes privilegiadas conseguiram tornar suas preocupações "as" questões que deveriam ser o foco, em parte porque elas

O FEMINISMO É PARA TODO MUNDO

eram o grupo de mulheres que recebia atenção pública. Elas atraíam a mídia de massa. As questões mais relevantes para as trabalhadoras ou para o grande grupo de mulheres nunca eram destacadas pela mídia de massa convencional. No livro *Mística feminina*,* Betty Friedan identificou "o problema que não tem nome" como a insatisfação que mulheres sentiam com o fato de serem confinadas e subordinadas ao lar como donas de casa. Quando a questão foi apresentada como uma crise das mulheres, era de fato uma crise somente para um grupo pequeno de mulheres brancas com alto nível de educação. Enquanto elas reclamavam dos perigos do confinamento no lar, a maioria das mulheres da nação era da classe trabalhadora. E muitas dessas trabalhadoras, que se dedicavam a longas horas de trabalho, com baixos salários, e ainda faziam todo o trabalho doméstico, teriam enxergado o direito de ficar em casa como "liberdade".

Não foi a discriminação de gênero nem a opressão sexista que impediram mulheres privilegiadas de todas as raças de trabalhar fora de casa. Foi o fato de os trabalhos disponíveis para elas terem sido os mesmos trabalhos de mão de obra não qualificada e pouco remunerada disponíveis para todas as mulheres trabalhadoras. Grupos de elite compostos por mulheres com alto nível de educação permaneceram em casa, em vez de fazer o tipo de trabalho que várias mulheres de classe média baixa e da classe trabalhadora estavam fazendo. Às vezes, algumas dessas mulheres desafiavam a

---

* Originalmente foi publicado pela Norton, em 1963, com o título *The Feminine Mystique*. No Brasil, foi publicado pela Vozes, em 1971, sob o título *Mística feminina*. A tradução é de Rose Marie Muraro. (*N. da T.*) Em 2020, o livro ganhou uma edição comemorativa, publicada pela editora Rosa dos Tempos, com textos inéditos da autora e tradução de Carla Bitelli, Flávia Yacubian, Bhuvi Libanio e Marina Vargas. (*N. da R. T.*)

LUTA DE CLASSES FEMINISTA

convenção e trabalhavam fora de casa exercendo tarefas muito inferiores às habilidades adquiridas por meio da educação que tiveram, e enfrentando a resistência do marido e da família. Foi essa resistência que tornou a questão do trabalho fora de casa uma questão de discriminação de gênero, e tornou a oposição ao patriarcado e a busca por direitos iguais em relação aos homens de sua classe a plataforma política que escolheu o feminismo em vez da luta de classe.

Desde o princípio, mulheres brancas reformistas com privilégio de classe eram bem cientes de que o poder e a liberdade que queriam era a liberdade que elas percebiam que os homens de sua classe aproveitavam. Sua resistência à dominação masculina patriarcal no lar proporcionou a elas uma conexão que poderiam usar para se unir, ao longo das classes, com outras mulheres cansadas da dominação masculina. Mas somente mulheres privilegiadas tiveram o luxo de imaginar que trabalhar fora de casa iria realmente proporcionar ganho suficiente para permitir que fossem economicamente autossuficientes. As mulheres da classe trabalhadora já sabiam que o salário recebido não iria libertá-las.

Esforços reformistas de grupos privilegiados de mulheres para mudar o mercado de trabalho, para que as trabalhadoras fossem mais bem remuneradas e encarassem menos discriminação de gênero e assédio no trabalho, tiveram impacto positivo na vida de todas as mulheres. E esses ganhos são importantes. Ainda assim, o fato de que os privilegiados ganharam poder de classe, enquanto as mulheres da massa ainda não tinham igualdade de salário com os homens, é indício de como interesses de classe suplantaram esforços feministas para mudar o mercado de trabalho, para que mulheres recebessem salários iguais para funções iguais.

Pensadoras feministas lésbicas estavam entre as primeiras ativistas a levantar a questão de classe dentro do movimento feminista, expressando pontos de vista por meio de uma linguagem acessível. Elas formavam um grupo de mulheres que não imaginavam poder depender do sustento de um marido. E muitas vezes estavam muito mais conscientes das dificuldades que todas as mulheres enfrentariam no mercado de trabalho do que suas companheiras heterossexuais. No início dos anos 1970, antologias como *Class and Feminism*, organizada por Charlotte Bunch e Nancy Myron, publicaram trabalhos escritos por mulheres de classes sociais diversas que estavam confrontando a questão nos círculos feministas. Cada ensaio enfatizou o fato de que classe não era apenas uma questão de dinheiro. No texto "The Last Straw" [A última gota], Rita Mae Brown (que na época ainda não era uma escritora famosa) afirmou claramente:

> Classe é muito mais do que a definição de Marx para o relacionamento com os meios de produção. A classe envolve seu comportamento, seus pressupostos básicos, como você é ensinada a se comportar, o que você espera de si e dos outros, seu conceito de futuro, como você entende os problemas e os soluciona, como você pensa, sente, age.

Essas mulheres que aderiram a grupos feministas compostos por classes diversas estavam entre as primeiras a enxergar que a visão de uma sororidade fundamentada em política, em que todas as mulheres estariam unidas para lutar contra o patriarcado, não conseguiria emergir até que a questão de classe fosse confrontada.

LUTA DE CLASSES FEMINISTA

Inserir classe na pauta feminista abriu um espaço em que interseções entre classe e raça ficaram aparentes. Dentro do sistema social de raça, sexo e classe institucionalizados, mulheres negras estavam claramente na base da pirâmide econômica. Inicialmente, nos movimentos feministas, mulheres brancas com alto nível de educação e origem na classe trabalhadora eram mais visíveis do que mulheres negras de todas as classes. Elas eram minoria dentro do movimento, mas a voz da experiência era a delas. Elas conheciam melhor do que suas companheiras com privilégio de classe, de qualquer raça, os custos da resistência à dominação de raça, classe e gênero. Elas sabiam o que significava lutar para mudar a situação econômica de alguém. Havia conflitos entre elas e suas companheiras privilegiadas sobre comportamento apropriado, sobre questões que seriam apresentadas como preocupações feministas fundamentais. Dentro do movimento feminista, mulheres de origem privilegiada que jamais se envolveram em luta esquerdista por liberdade aprenderam as políticas concretas da luta de classe, confrontando desafios criados por mulheres menos privilegiadas, e também aprendendo no processo habilidades assertivas e maneiras construtivas de lidar com o conflito. Apesar da intervenção construtiva, várias mulheres brancas privilegiadas continuaram a agir como se o feminismo pertencesse a elas, como se elas estivessem no comando.

O patriarcado convencional reforçou a ideia de que as preocupações das mulheres de grupos com privilégio de classe eram as únicas dignas de atenção. A reforma feminista teve como objetivo obter igualdade social para mulheres dentro da estrutura existente. Mulheres privilegiadas queriam igualdade em relação aos homens de sua classe. Apesar do sexismo dentro de sua classe, elas não teriam desejado obter o que tinham os homens da classe trabalhadora. Os esforços feministas para garantir às mulheres igualdade social em relação aos homens de sua classe nitidamente coincidiam com os receios patriarcais de supremacia branca e capitalista de que os poderes brancos pudessem diminuir, se pessoas não brancas obtivessem o mesmo acesso ao poder econômico e ao privilégio. Apoiando o que efetivamente se tornou o poder branco, o feminismo reformista possibilitou que o patriarcado de supremacia branca convencional reforçasse seu poder, enquanto simultaneamente minava as políticas radicais do feminismo.

Somente pensadoras feministas revolucionárias expressaram indignação com essa cooptação do movimento feminista. Nossas crítica e indignação foram reconhecidas pela imprensa alternativa. Em sua coletânea de ensaios *The Coming of Black Genocide*,* a ativista branca radical Mary Barfoot foi audaz ao declarar que:

> Há mulheres brancas, machucadas e bravas, que acreditam que o movimento das mulheres nos anos 1970 significava sororidade e se sentem traídas por mulheres emergentes. Por mulheres que voltaram para o patriarcado. Mas o movimento das mulheres jamais saiu de perto do pai Falo... Não houve guerra. E não houve libertação. Recebemos nossa parte nos lucros do genocídio e amamos isso. Somos

---

* O título completo é *Bottomfish Blues: The Coming of Black Genocide and Other Essays* [A tristeza dos peixes do fundo do mar: a aproximação do genocídio negro e outros ensaios]. Foi originalmente publicado pela Vagabond Press, em 1993. Em 2018, durante a produção deste livro, ainda era inédito no Brasil. (*N. da T.*)

> Irmãs do Patriarcado e verdadeiras apoiadoras da opressão nacional e da classe, o patriarcado em seu mais alto grau é o euro-imperialismo em escala mundial. Se somos irmãs do Falo e queremos o que ele tem, então, no fim das contas, apoiamos o sistema do qual ele obteve tudo.

De fato, muito mais feministas pensavam e pensam ser mais fácil considerar a possibilidade de abrir mão de seu pensamento da supremacia branca do que de seu elitismo.

À medida que mulheres alcançavam maior acesso ao poder econômico em relação aos homens de sua classe, discussões feministas de classe deixavam de ser lugar-comum. Em vez disso, todas as mulheres eram incentivadas a enxergar os ganhos econômicos de mulheres ricas como sinal positivo para todas elas. Na realidade, esses ganhos raramente promoveram mudanças para os grupos de mulheres pobres e da classe trabalhadora. E, como os homens privilegiados não se tornaram igualmente responsáveis pelas tarefas domésticas, a liberdade de mulheres de classe privilegiada de todas as raças exigiu a subordinação sustentada das trabalhadoras pobres. Nos anos 1990, o conluio com a estrutura social existente foi o preço da "libertação das mulheres". No fim das contas, o poder de classe provou ser mais importante do que o feminismo. Esse conluio ajudou a desestabilizar o movimento feminista.

Quando as mulheres adquiriram maior status e poder de classe sem ter comportamentos diferentes dos homens, as políticas feministas foram minadas. Várias mulheres se sentiram traídas. Mulheres da classe média e da classe média baixa, que de repente se sentiam compelidas pelo *ethos* do feminismo a entrar no mercado de trabalho, não se sentiram libertadas, uma vez que encaravam a dura verdade de que trabalhar fora de casa não significava que o trabalho dentro de casa seria igualmente compartilhado com o parceiro. O divórcio sem culpa era claramente mais vantajoso para homens do que para mulheres. Quando várias mulheres negras/não brancas viram mulheres brancas de classe privilegiada se beneficiarem economicamente dos ganhos do feminismo reformista mais do que outros grupos, do gênero sendo agregado a ações afirmativas raciais, isso simplesmente reafirmou o medo delas de que feminismo realmente significava aumento do poder branco. A mais profunda traição de questões feministas tem sido a falta de protestos feministas de base, desafiando o assédio do governo às mães solteiras e o desmanche do sistema de assistência social. Mulheres privilegiadas, muitas das quais se denominam feministas, simplesmente se afastaram da "feminização da pobreza".

A mídia de massa tende a destacar muito mais as vozes do "feminismo de poder" do que as vozes individuais de mulheres feministas que alcançaram poder de classe sem trair nossa solidariedade com os grupos sem privilégio de classe. Ao sermos fiéis às políticas feministas, nossos objetivos eram e são nos tornar economicamente autossuficientes e encontrar maneiras de assistir outras mulheres em seus esforços para melhorar economicamente. Nossas experiências contrariam o pressuposto de que mulheres só podem melhorar economicamente em conluio com o patriarcado capitalista existente. Por toda esta nação, feministas individuais com poder de classe, que apoiam um ponto de vista revolucionário de mudança social, compartilham recursos e usam seu poder para ajudar em reformas que irão melhorar a vida de mulheres, independentemente de classe.

A única esperança genuína de libertação feminista está numa visão de mudança social que desafia o elitismo. Mulheres ocidentais adquiriram poder de classe e maior desigualdade de gênero, porque um patriarcado de supremacia branca global escraviza e/ou subordina multidões de mulheres do terceiro mundo. Neste país, as forças combinadas da indústria prisional em expansão com a assistência social voltada para o *workfare* (bem-estar em troca de trabalho), combinadas com políticas conservadoras de imigração, criam e toleram condições de servidão por contrato. Acabar com a assistência social vai criar uma nova classe, inferior, de mulheres e crianças, para serem abusadas e exploradas pela estrutura de dominação existente.

Dadas as mudanças de realidade de classe em nossa nação, o aumento da disparidade entre ricos e pobres e a contínua feminização da pobreza, precisamos desesperadamente de um movimento feminista radical de base, fundamentado na força que teve no passado, incluindo os ganhos positivos gerados pelas reformas, enquanto oferece questionamentos significativos da teoria feminista existente, que simplesmente estava equivocada quando nos ofereceu novas estratégias. De maneira significativa, um movimento visionário fundamentaria seu trabalho nas condições concretas de mulheres trabalhadoras e pobres. Isso significa criar um movimento que dá início a uma educação para a conscientização crítica, em que mulheres, as feministas com poder de classe, devem implementar programas de habitação de baixo custo que mulheres tenham chances de possuir. A criação de habitações cooperativas com princípios feministas mostraria como a luta feminista é relevante para a vida de todas as mulheres.

O FEMINISMO É PARA TODO MUNDO

Quando mulheres que têm poder de classe utilizam, oportunamente, uma plataforma feminista e ao mesmo tempo enfraquecem as políticas feministas, ajudando a manter intacto o sistema patriarcal que irá ressubordiná-las, elas não apenas traem o feminismo, elas traem a si mesmas. Ao retomar a discussão de classe, mulheres e homens feministas restauram as condições necessárias para a solidariedade. Então poderemos visualizar melhor um mundo em que recursos são compartilhados e oportunidades para crescimento pessoal são abundantes para todo mundo, independentemente da classe.

8. Feminismo global

Mulheres individuais que lutam pela liberdade em todo o mundo já batalharam sozinhas contra o patriarcado e a dominação masculina. Uma vez que as primeiras pessoas no planeta Terra não eram brancas, é improvável que as brancas tenham sido as primeiras mulheres a se rebelarem contra a dominação masculina. Em culturas ocidentais patriarcais capitalistas de supremacia branca, o pensamento neocolonial determina o tom de várias práticas culturais. Esse pensamento sempre se concentra em quem conquistou um território, quem tem propriedade, quem tem o direito de governar. As políticas feministas contemporâneas não surgiram como resposta radical ao neocolonialismo.

Mulheres brancas com privilégio de classe rapidamente se declararam "proprietárias" do movimento, colocando as mulheres brancas da classe trabalhadora, as brancas pobres e todas as mulheres não brancas na posição de seguidoras. Não importou quantas mulheres brancas da classe trabalhadora ou mulheres negras individuais encabeçaram o movimento das mulheres em direções radicais. No fim das contas, mulheres brancas com poder de classe declararam ser donas do movimento, serem líderes, e o resto era um grupo de seguidoras. Relações parasíticas entre as classes

O FEMINISMO É PARA TODO MUNDO

ofuscaram questões de racismo, nacionalidade e gênero no neocolonialismo contemporâneo. E o feminismo não se manteve indiferente a essa dinâmica.

Inicialmente, quando líderes feministas nos Estados Unidos proclamaram a necessidade de igualdade de gênero, não esperavam descobrir se movimentos correspondentes estavam acontecendo entre mulheres de todo o mundo. Em vez disso, declararam-se libertas e, portanto, na posição de libertar as irmãs que tinham menos sorte, principalmente aquelas no "terceiro mundo". Esse paternalismo neocolonial já havia sido decretado para manter em segundo plano mulheres não brancas, de forma que somente mulheres brancas, conservadoras ou liberais, fossem as autênticas representantes do feminismo. A tendência é de que mulheres brancas radicais não sejam "representadas", e se forem, elas são retratadas como as extremistas. Não é de se estranhar que o "feminismo de poder" dos anos 1990 oferecesse as ricas mulheres brancas heterossexuais como exemplos de sucesso feminista.

Na verdade, essa hegemônica tomada de controle da retórica feminista sobre igualdade ajudou a mascarar a fidelidade delas às classes dominantes dentro do patriarcado capitalista de supremacia branca. As feministas radicais ficaram consternadas ao testemunhar tantas mulheres (de todas as raças) se apropriando do jargão feminista enquanto sustentavam seu comprometimento com o imperialismo ocidental e o capitalismo transnacional. Enquanto as feministas nos Estados Unidos estavam certas de chamar atenção para a necessidade de igualdade global para as mulheres, problemas surgiram quando feministas individuais com poder de classe projetaram globalmente fantasias

FEMINISMO GLOBAL

imperialistas em mulheres, sendo a principal fantasia a de que as mulheres nos Estados Unidos têm mais direitos do que qualquer grupo de mulheres no mundo; são "livres" se quiserem ser e, portanto, têm direito de liderar o movimento feminista e estabelecer pautas feministas para todas as outras mulheres no mundo, principalmente mulheres nos países do terceiro mundo. Esse pensamento apenas reflete o racismo e o sexismo imperialistas de grupos dominadores dos homens ocidentais.

A maioria das mulheres nos Estados Unidos não conhece nem usa os termos "colonialismo" e "neocolonialismo". A maioria das mulheres norte-americanas, principalmente as mulheres brancas, não descolonizou seu pensamento, seja em relação ao racismo, sexismo e elitismo relativos aos grupos de mulheres menos poderosos na sociedade, seja em relação à multidão de mulheres ao redor do mundo. Quando pensadoras feministas individuais sem instrução abordaram questões globais de exploração e opressão de gênero, elas fizeram e fazem isso de uma perspectiva neocolonialista. Significativamente, as mulheres radicais brancas que escreveram em *Night-Vision: Illuminating War and Class on the Neo-Colonial Terrain** enfatizaram a realidade de que "não compreender o neocolonialismo é não viver totalmente no presente". Uma vez que as feministas brancas sem instrução não estavam dispostas a reconhecer as esferas da vida norte-americana nas quais elas atuavam e atuam em conluio com

---

* De Butch Lee e Red Rover, *Night-Vision: Illuminating War and Class on the Neo-Colonial Terrain* [Visão noturna: iluminando guerra e classe no terreno neocolonial] foi originalmente publicado pela Vagabond Press, em 1993. Em 2018, durante a produção deste livro, ainda era inédito no Brasil. (*N. da T.*)

o patriarcado capitalista de supremacia branca imperialista, o protesto e a resistência de mulheres negras/não brancas e de nossas irmãs brancas radicais foram necessários para abrir os olhos delas e acabar com a negação.

Mesmo quando um grande número de ativistas feministas adotaram uma perspectiva que incluía raça, gênero, classe e nacionalidade, as "feministas do poder" brancas continuaram a projetar uma imagem de feminismo que ligava e liga a igualdade das mulheres com o imperialismo. Questões femininas globais, como circuncisão feminina forçada, clubes de sexo na Tailândia, véus na África, Índia, Oriente Médio e Europa, assassinatos de meninas na China, ainda são preocupações importantes. No entanto, as feministas no ocidente ainda estão batalhando para descolonizar o pensamento e a prática feministas, de maneira que essas questões possam ser abordadas sem resgatar o imperialismo ocidental. Pense em como várias mulheres ocidentais, brancas e negras, têm confrontado a questão da circuncisão feminina na África e no Oriente Médio. Em geral, esses países são descritos como "bárbaros e não civilizados", e o sexismo lá, como sendo mais brutal e perigoso para mulheres do que o sexismo nos Estados Unidos.

Uma perspectiva feminista descolonizada iria, antes de tudo, examinar como práticas sexistas em relação ao corpo das mulheres estão conectadas globalmente. Por exemplo: ligar circuncisão a distúrbios alimentares que ameaçam a vida de mulheres (que é uma consequência direta de uma cultura que impõe magreza como ideal de beleza) ou a qualquer cirurgia cosmética que oferece risco de vida enfatizaria que o sexismo, a misoginia, por trás dessas práticas ao redor do mundo reflete o sexismo aqui neste país. Quando questões

FEMINISMO GLOBAL

são abordadas dessa maneira, o imperialismo ocidental não é resgatado, e o feminismo não pode ser apropriado pelo capitalismo transnacional como mais um produto luxuoso do ocidente que mulheres em outras culturas devem lutar para ter o direito de consumir.

Até que mulheres radicais dos Estados Unidos desafiem esses grupos de mulheres posando de feministas por interesse do oportunismo de classe, o tom do feminismo global no ocidente continuará a ser determinado por aqueles com os maiores poderes de classe e preconceitos antigos. O trabalho do feminismo radical ao redor do mundo diariamente fortalece a solidariedade política entre mulheres além das fronteiras de raça/etnia e nacionalidade. A mídia de massa convencional raramente chama atenção para essas intervenções positivas. Em *Hatreds: Racialized and Sexualized Conflicts in the 21st Century*,* Zillah Eisenstein compartilha o ponto de vista:

> Feminismo(s) como transnacional(ais) – imaginado(s) como rejeição às falsas barreiras de raça/gênero e à falsa construção do "outro" – é um grande desafio ao nacionalismo masculinista, às distorções do comunismo estadista e ao globalismo de "livre" mercado. É um feminismo que reconhece a diversidade individual, a liberdade e a igualdade definidas através e além dos diálogos norte/oeste e sul/leste.

---

* *Hatreds: Racialized and Sexualized Conflicts in the 21st Century* [Ódios: conflitos raciais e sexuais no século XXI] foi originalmente publicado pela Routledge, em 1996. Em 2018, durante a produção deste livro, ainda era inédito no Brasil. (*N. da T.*)

O FEMINISMO É PARA TODO MUNDO

Ninguém que já estudou o crescimento do feminismo global pode negar o trabalho importante que mulheres estão fazendo para garantir nossa liberdade. Ninguém pode negar que mulheres ocidentais, principalmente as mulheres nos Estados Unidos, contribuíram muito com o necessário para essa luta, e precisam contribuir mais. O objetivo do feminismo global é se estender e alcançar lutas globais para acabar com o sexismo, a exploração sexista e a opressão.

9. Mulheres no trabalho

Mais da metade de todas as mulheres nos Estados Unidos está no mercado de trabalho. Quando o movimento feminista contemporâneo começou, a mão de obra já era mais de um terço composta por mulheres. Vinda da classe trabalhadora, de origem afro-americana, como a maioria das mulheres que eu conhecia estava no mercado de trabalho, eu era uma das mais duras críticas da visão feminista que as pensadoras reformistas apresentavam quando o movimento começou, que sugeria que o trabalho libertaria as mulheres da dominação masculina. Há mais de dez anos escrevi em *Teoria feminista: da margem ao centro*:

> A ênfase no trabalho como chave para a libertação das mulheres levou várias ativistas feministas brancas a sugerir que mulheres que trabalhavam "já eram livres". Na verdade, elas diziam para a maioria das mulheres trabalhadoras "o movimento feminista não é para você".

Mais importante, aprendi com minha própria experiência que trabalhar por salários baixos não libertava mulheres pobres da classe trabalhadora da dominação masculina.

Quando as pensadoras feministas reformistas, com origem em classe privilegiada e cuja pauta era primordialmente

O FEMINISMO É PARA TODO MUNDO

alcançar igualdade social em relação aos homens de sua classe, equipararam trabalho com libertação, elas queriam dizer carreiras bem pagas. A visão de trabalho delas tinha pouca relevância para uma multidão de mulheres. A questão trabalhista ressaltada pelo feminismo que afetava todas as mulheres era a exigência de salários iguais para funções iguais. As mulheres conquistaram mais direitos em relação a salários e cargos como resultado de protestos feministas, mas isso não eliminou completamente a discriminação por gênero. Hoje, em várias salas de aula de faculdades, estudantes, tanto mulheres quanto homens, argumentam que o movimento feminista já não é relevante, uma vez que as mulheres agora têm igualdade. Eles e elas nem sabem que, em média, a maioria das mulheres ainda não recebe salário igual para função igual, que para nós ainda é provável receber US$ 0,73 para cada US$ 1 que um homem recebe.

Hoje sabemos que o trabalho não liberta a mulher da dominação masculina. De fato, há várias mulheres profissionais que recebem altos salários, várias mulheres ricas que ainda têm relacionamentos com homens cuja norma é a dominação masculina. Sabemos, sem dúvida, que se uma mulher é economicamente autossuficiente, ela é mais propensa a terminar um relacionamento cuja norma seja a dominação masculina, quando escolhe libertação. Ela sai do relacionamento porque pode. Várias mulheres aderem ao pensamento feminista, escolhem a libertação, mas são economicamente presas a homens patriarcais, de maneira que sair do relacionamento se torna difícil, senão impossível. Hoje, a maioria das mulheres sabe o que algumas de nós sabíamos quando o movimento começou, que o trabalho não iria necessariamente nos libertar, mas que esse fato não muda a realidade de que a autossuficiência econômica é necessária para a libertação das mulheres. Quando falamos em autossuficiência como libertadora em vez de trabalho, precisamos dar o próximo passo e falar sobre qual tipo de trabalho é libertador. Claramente, empregos com melhor remuneração e horários flexíveis tendem a oferecer mais liberdade à trabalhadora.

Inúmeras mulheres se sentiram furiosas, porque foram incentivadas pelo pensamento feminista a acreditar que encontrariam a libertação no mercado de trabalho. O que mais aconteceu foi se darem conta de que trabalhavam longas jornadas em casa e longas jornadas no emprego. Mesmo antes de o movimento feminista incentivar mulheres a se sentirem otimistas em relação ao trabalho fora de casa, as necessidades resultantes da depressão econômica já ratificavam essa mudança. Se o movimento feminista contemporâneo jamais tivesse acontecido, ainda assim multidões de mulheres teriam entrado para o mercado de trabalho; mas é pouco provável que tivéssemos os direitos que temos, se feministas não tivessem desafiado a discriminação de gênero. As mulheres estão erradas quando "culpam" o feminismo por ter feito com que tivessem que trabalhar, que é o pensamento de várias delas. A verdade ainda é que o capitalismo consumista foi a força que conduziu mais mulheres ao mercado de trabalho. Dada a depressão econômica, famílias brancas de classe média seriam incapazes de sustentar seu status de classe e estilo de vida, se mulheres que um dia sonharam em se dedicar somente ao trabalho de dona de casa não tivessem escolhido trabalhar fora de casa.

A bibliografia feminista registrou que os benefícios positivos alcançados por uma multidão de mulheres que entrou no mercado de trabalho têm mais a ver com o aumento da autoestima e da participação na comunidade. Não importa de que classe fosse, a mulher que trabalhava como dona de casa ficava frequentemente isolada, sozinha e deprimida. Ainda que a maioria dos trabalhadores, seja homem, seja mulher, não sinta segurança no trabalho, eles sentem que fazem parte de algo maior que si mesmos. Enquanto os problemas em casa causam grande estresse e são difíceis de solucionar, os problemas no local de trabalho são compartilhados com todo mundo, e a tentativa de encontrar uma solução não é uma coisa isolada. Enquanto os homens faziam a maioria do trabalho, as mulheres trabalhavam para tornar o lar um lugar confortável e relaxante para os homens. A casa era um lugar relaxante para mulheres apenas quando o marido e as crianças não estavam presentes. Quando as mulheres, em casa, dedicam todo o tempo a atender às necessidades dos outros, o lar é local de trabalho para ela, não é local de relaxamento, conforto e prazer. Trabalho fora de casa tem sido mais libertador para as mulheres solteiras (várias das quais moram sozinhas, são heterossexuais ou não). A maioria das mulheres nem mesmo encontrou um trabalho satisfatório, e sua participação no mercado de trabalho diminuiu a qualidade de vida em casa.

Grupos de mulheres privilegiadas com alto nível de educação anteriormente desempregadas ou com subempregos devido às mudanças feministas na descrição de trabalhos conseguiram ter mais acesso a empregos satisfatórios, que servem como base para a autossuficiência econômica. O sucesso delas não mudou o destino de uma multidão de mulheres. Há anos, em *Teoria feminista: da margem ao centro*, afirmei:

MULHERES TRABALHANDO

Se melhorar as condições de trabalho para as mulheres fosse uma questão importante na pauta do movimento feminista, junto com esforços para obter empregos mais bem remunerados para as mulheres e obter trabalho para as mulheres desempregadas de todas as classes, o feminismo teria sido visto como um movimento que aborda as preocupações de todas as mulheres. O foco do feminismo na construção da carreira, em mulheres com empregos bem remunerados, não somente alienou uma multidão de mulheres do movimento feminista como também permitiu que ativistas feministas ignorassem o fato de que o aumento da entrada de mulheres burguesas no mercado de trabalho não era sinal de que as mulheres como grupo estavam alcançando poder econômico. Se tivessem olhado para a situação econômica de mulheres pobres e da classe trabalhadora, teriam visto o crescente problema de desemprego e aumento da entrada de mulheres de todas as classes para o grupo das pobres.

A pobreza se tornou uma questão feminina central. Tentativas patriarcais capitalistas de supremacia branca para desmanchar o sistema de assistência social em nossa sociedade privarão mulheres pobres e indigentes do acesso às necessidades mais básicas da vida: abrigo e comida. Na verdade, retornar ao lar fundamentado na dominação masculina patriarcal em que homens são provedores é a solução oferecida a mulheres por políticos conservadores, que ignoram a realidade do desemprego em massa – tanto de mulheres quanto de homens –, o fato de que simplesmente não há emprego e que vários homens não querem sustentar economicamente mulheres e crianças, mesmo que tenham salário.

Não há pauta feminista atual que ofereça às mulheres uma saída – uma maneira de repensar o trabalho. Uma vez que o custo de vida em nossa sociedade é alto, para a maioria dos trabalhadores, incluindo mulheres, o trabalho não leva à autossuficiência econômica. Ainda assim, autossuficiência econômica é necessária se mulheres quiserem ser livres para escolher o contrário da dominação masculina, para serem totalmente autorrealizadas.

O caminho para uma autossuficiência econômica maior necessariamente levará a estilos de vida alternativos opostos à imagem da vida boa que nos é apresentada pela mídia de massa patriarcal capitalista de supremacia branca. Para viver plenamente e bem, para trabalhar em algo que aumenta a autoestima e o autorrespeito, recebendo um salário digno, precisaremos de programas de trabalho compartilhado. Professores e prestadores de serviço em todas as áreas precisarão ter salários melhores. Mulheres e homens que quiserem ficar em casa e cuidar das crianças deveriam ter salário subsidiado pelo Estado, assim como programas de educação em casa que proporcionarão oportunidade de terminar o ensino médio e se dedicar a uma graduação a distância. Com o avanço da tecnologia, indivíduos que permanecerem em casa serão capazes de estudar, assistindo em vídeo a cursos de graduação e acrescentando a isso um tempo em sala de aula. Se programas sociais, e não investimentos nas forças militares, fossem sancionados por nosso governo, e se todos os cidadãos, por lei, tivessem acesso a eles por um ou dois anos ao longo da vida – durante os quais receberiam ajuda do Estado –, caso não conseguissem encontrar emprego, não existiria o estigma dos programas sociais. Se homens tivessem igual acesso a programas sociais, eles não carregariam mais o estigma de gênero.

MULHERES TRABALHANDO

Uma crescente divisão de classe separa as inúmeras mu lheres pobres de suas companheiras privilegiadas. De fato, grande parte do poder de classe que grupos de mulheres de elite têm em nossa sociedade, principalmente aquelas que são ricas, é alcançado em detrimento da liberdade de outras mulheres. Já há pequenos grupos de mulheres com poder de classe trabalhando para, através de programas de economia, construir pontes que proporcionem ajuda e apoio financeiro para as mulheres com menos privilégios. Mulheres individuais ricas, principalmente aquelas com riqueza herdada e que se mantêm comprometidas com a libertação feminista, estão desenvolvendo estratégias para a economia participativa, o que mostra sua preocupação e solidariedade com mulheres que não têm poder de classe. Neste momento, essas pessoas são minoria, mas o grupo vai aumentar à medida que seu trabalho se tornar mais conhecido.

Há trinta anos, as feministas contemporâneas não previram as mudanças que aconteceriam no mundo do trabalho em nossa sociedade. Elas não se deram conta de que o desemprego em massa se tornaria regra, que as mulheres poderiam se preparar para empregos que simplesmente não estariam disponíveis. Elas não previram o conservador, e às vezes liberal, assédio aos programas sociais, a maneira como mães solteiras sem dinheiro seriam culpadas e demonizadas por sua condição econômica. Todas essas realidades não previstas exigem que pensadoras feministas visionárias revejam a relação entre libertação e trabalho.

Enquanto várias produções acadêmicas feministas nos falam do papel da mulher no mercado de trabalho hoje, de como muda sua autopercepção e seu papel em casa, não temos muitos estudos que nos digam se mais mulheres trabalhando

O FEMINISMO É PARA TODO MUNDO

mudou positivamente a dominação masculina. Muitos homens culpam o trabalho das mulheres pelo desemprego, pela perda da identidade estável que ser visto como provedor patriarcal dava a eles, ainda que isso fosse ou ainda seja ficção. Uma pauta feminista importante para o futuro precisa informar os homens sobre a natureza da mulher e do trabalho, de maneira realista, de forma que eles possam enxergar que elas não são suas inimigas no mercado de trabalho.

As mulheres já estão no mercado de trabalho há muito tempo. Se somos bem pagas ou se recebemos baixos salários, várias mulheres não pensaram que trabalho fosse tão significativo quanto a utopia feminista sugeria. Quando as mulheres trabalham para ganhar dinheiro a fim de consumir mais em vez de melhorar a qualidade da nossa vida em todos os níveis, o trabalho não leva à autossuficiência econômica. Mais dinheiro não significa mais liberdade, se as finanças não estiverem voltadas ao bem-estar. Repensar o significado do trabalho é uma tarefa importante para futuros movimentos feministas. Abordar ambos os caminhos que as mulheres têm para sair da pobreza e as estratégias que elas podem usar para ter uma vida boa, mesmo diante de uma substancial falta material, é essencial para o sucesso do movimento feminista.

No início, o movimento feminista não fez da autossuficiência econômica da mulher seu principal objetivo. Ainda assim, abordar a dificuldade econômica das mulheres pode vir a ser a plataforma feminista que oferece uma resposta coletiva. Pode muito bem se tornar o espaço para a organização coletiva, o campo comum, a questão que conecta todas as mulheres.

10. Raça e gênero

Nenhuma intervenção mudou mais a cara do feminismo norte-americano do que a exigência de que pensadoras feministas reconhecessem a realidade de raça e racismo. Todas as mulheres desta nação sabem que seu status é diferente do de mulheres negras/não brancas. Elas sabem isso desde o tempo em que eram garotas assistindo à televisão e vendo somente imagens delas, e folheando revistas e vendo somente imagens delas. Elas sabem que a única razão para mulheres não brancas estarem ausentes/invisíveis é o fato de não serem brancas. Todas as mulheres brancas desta nação sabem que a branquitude é uma categoria privilegiada. O fato de que mulheres brancas escolhem refrear ou negar esse conhecimento não significa que sejam ignorantes. Significa que estão em negação.

Nenhum grupo de mulheres brancas conheceu melhor a diferença entre seu status e o de mulheres negras do que o grupo de mulheres brancas politicamente conscientes, ativistas na luta pelos direitos civis. Diários e memórias escritos por mulheres brancas sobre esse período na história da América do Norte registram esse conhecimento. Ainda assim, vários desses indivíduos foram dos direitos civis para a libertação da mulher e lideraram um movimento feminista em que suprimiram e negaram a consciência sobre a diferença que viram e que ouviram, articulada em primeira mão no Movimento pelos Direitos Civis. Apenas por terem participado na luta antirracismo não significa que se desapegaram da supremacia branca, da noção de serem superiores às mulheres negras, mais informadas, mais educadas, mais preparadas para "liderar" o movimento.

De várias maneiras, elas estavam seguindo as pegadas dos ancestrais abolicionistas que exigiram que todo mundo (mulheres brancas e negras) tivesse o direito de votar, mas, quando confrontadas com a possibilidade de que homens negros pudessem alcançar o direito de voto quando isso lhes era negado com base no gênero, escolheram se aliar aos homens, reunindo-se dentro dos conceitos de supremacia branca. Feministas brancas contemporâneas testemunhando a exigência militante por mais direitos para pessoas negras escolheram, naquele momento, exigir mais direitos para elas mesmas. Alguns desses indivíduos afirmam que isso funcionava em nome dos direitos civis que as tornou conscientes do sexismo e da opressão sexista. Ainda assim, se esse fosse todo o contexto, seria possível pensar que a mais recente conscientização política delas sobre diferença teria sido transferida para a maneira como teorizaram o movimento feminista contemporâneo.

Elas entraram para o movimento apagando e negando a diferença, sem pensar em raça e gênero juntos, mas eliminando raça do cenário. Priorizar gênero significou que mulheres brancas podiam assumir o palco, dizer que o movimento era delas, mesmo ao convocar todas as mulheres para aderir. A visão utópica de sororidade evocada em um movimento feminista que inicialmente não considerava diferença racial ou a luta antirracismo séria não captou o pensamento da maioria das mulheres negras/não brancas. A maioria das mulheres negras individuais, predominantemente ativistas do movimento desde a origem, permaneceu no lugar. Quando o movimento feminista começou, ainda era raro haver integração racial. Várias pessoas negras estavam aprendendo a interagir com as brancas, fundamentadas na ideia de se tornarem parceiras pela primeira vez na vida. Não é de se estranhar que mulheres negras individuais que escolheram o feminismo estivessem relutantes em apresentar sua consciência em relação à raça. Deve ter sido uma sensação maravilhosa para elas ouvir mulheres brancas evocando sororidade, em um mundo em que viam as brancas, sobretudo, como exploradoras e opressoras.

Uma geração mais jovem de mulheres negras/não brancas no fim dos anos 1970 e no início dos 1980 desafiou o racismo feminino branco. Diferentemente de nossas antigas aliadas negras, a maioria de nós foi educada em ambientes predominantemente brancos. A maioria de nós jamais esteve em posição de subordinação em relação a uma mulher branca. A maioria de nós não esteve no mercado de trabalho. Nunca permanecemos em nosso lugar. Estávamos mais bem posicionadas para criticar o racismo e a supremacia branca dentro do movimento das mulheres. Mulheres brancas individuais que tentaram organizar o movimento ao redor do mote da opressão comum, evocando a noção de que mulheres constituíam uma classe/casta sexual, eram as mais relutantes a reconhecer diferenças entre mulheres, diferenças que ofuscavam todas as experiências comuns compartilhadas entre mulheres. Raça era a diferença mais óbvia.

Nos anos 1970, escrevi o primeiro rascunho do *E eu não sou uma mulher? Mulheres negras e o feminismo*. Eu tinha 19 anos e nunca tivera um emprego em horário integral. Vinha de uma cidade pequena segregada racialmente, ao sul da Stanford University. Apesar de ter crescido resistindo ao pensamento patriarcal, a faculdade foi o lugar onde aderi às políticas feministas. Foi lá, como a única mulher negra nas aulas de feminismo, nos grupos de conscientização, que comecei a conectar raça e gênero teoricamente. Foi lá que comecei a exigir reconhecimento de como o preconceito racial estava moldando o pensamento feminista e clamar por mudança. Em outros lugares, mulheres negras/não brancas individuais estavam fazendo a mesma crítica.

Naquele tempo, mulheres brancas que não queriam encarar a realidade do racismo e da diferença racial nos acusaram de ser traidoras por termos introduzido a questão de raça. Equivocadamente, viram-nos desviando o foco de gênero. Na realidade, exigíamos um olhar objetivo para o status das mulheres e que a compreensão realista servisse como fundamentação para uma política realmente feminista. Nossa intenção não era diminuir a visão de sororidade. Procurávamos estabelecer políticas concretas de solidariedade que possibilitariam uma sororidade genuína. Sabíamos que não poderia haver verdadeira sororidade entre mulheres brancas e mulheres não brancas se as brancas não fossem capazes de abrir mão da supremacia branca, se o movimento feminista não fosse fundamentalmente antirracista.

Importantes intervenções em relação à raça não destruíram o movimento das mulheres, mas o fortaleceram. Superar a negação de raça ajudou mulheres a encarar a realidade da diferença em todos os níveis. E finalmente construíamos um movimento que não colocava o interesse de classe de mulheres privilegiadas, principalmente brancas, acima dos interesses de todas as outras mulheres. Construíamos uma visão de sororidade em que todas as nossas realidades podiam ser faladas. Não houve qualquer movimento contemporâneo

RAÇA E GÊNERO

por justiça social em que participantes individuais se engajavam na troca dialética que acontecia entre pensadoras feministas sobre raça, o que levou à reformulação de muitas teorias e práticas feministas. O fato de que participantes do movimento feminista podiam encarar crítica e desafio enquanto ainda se mantinham totalmente comprometidas com a visão de justiça, de libertação, é comprovação de força e poder do movimento. Isso nos mostra que, independentemente do quanto as pensadoras feministas estavam equivocadas no passado, o desejo de mudança, o desejo de criar o contexto para luta e libertação, permanece mais forte do que a necessidade de se segurar a crenças e pressupostos errados.

Por anos testemunhei a relutância de pensadoras feministas brancas em reconhecer a importância de raça. Testemunhei sua recusa em abrir mão da supremacia branca, sua falta de vontade de reconhecer que um movimento feminista antirracista era a única base para tornar real a sororidade. E testemunhei a revolução de consciência que aconteceu quando mulheres individuais começaram a se libertar da negação, a se libertar do pensamento de supremacia branca. Essas maravilhosas mudanças restauram minha fé no movimento feminista e fortalecem minha solidariedade a mulheres.

De um modo geral, o pensamento feminista e a teoria feminista se beneficiaram de todas as intervenções críticas na questão de raça. A única área problemática é a de traduzir teoria para prática. Ainda que mulheres brancas individuais tivessem incorporado uma análise sobre raça em grande parte do trabalho feminista acadêmico, esses conhecimentos não tiveram tanto impacto nas relações diárias entre mulheres brancas e mulheres não brancas. Interações antirracistas entre mulheres são difíceis em uma sociedade que se mantém segregada racialmente. Apesar das configurações diversas de

O FEMINISMO É PARA TODO MUNDO

trabalho, a maioria das pessoas ainda socializa somente com pessoas de seu próprio grupo. Racismo e sexismo combinados criam barreiras nocivas entre mulheres. Até então, as estratégias feministas para mudar isso não foram muito eficientes.

Mulheres brancas individuais e mulheres não brancas que lidaram com as diferenças para criar espaços em que ligações de amor e solidariedade política possam surgir precisam compartilhar os métodos e as estratégias que empregamos com sucesso. Quase nenhuma atenção é dada ao relacionamento entre garotas de raças diferentes. Bibliografia feminista preconceituosa, que tenta demonstrar que garotas brancas são, de alguma maneira, mais vulneráveis ao condicionamento sexista do que garotas não brancas, simplesmente perpetuam o pressuposto da supremacia branca de que mulheres brancas requerem e merecem mais atenção às suas preocupações e aflições do que outros grupos. De fato, quando garotas não brancas expressam comportamento diferente de suas companheiras brancas, elas não estão apenas internalizando condicionamento sexista, é muito mais provável que sejam vitimizadas pelo sexismo de formas irreparáveis.

O movimento feminista, principalmente o trabalho de ativistas negras visionárias, preparou o caminho para reconsiderarmos raça e racismo, o que teve impacto positivo em nossa sociedade como um todo. Raramente, críticas sociais convencionais reconhecem esse fato. Como uma teórica do feminismo que escreveu extensivamente sobre a questão de raça e racismo dentro do movimento feminista, sei que ainda há muito o que desafiar e mudar, mas é também importante comemorar as grandes mudanças que já ocorreram. Essa comemoração, compreendendo nossos triunfos e usando-os como modelos, significa que eles podem se tornar a fundação sólida para a construção de um movimento feminista antirracista de base.

11. Pelo fim da violência

Uma das mais divulgadas intervenções positivas do movimento feminista contemporâneo é, de longe, até hoje, o esforço para criar e sustentar uma maior conscientização cultural sobre violência doméstica, assim como as mudanças que devem acontecer em pensamento e ação, se quisermos ver o fim disso. Atualmente, o problema da violência doméstica é conversado em vários círculos, da mídia de massa à escola primária, que frequentemente se esquece que o movimento feminista contemporâneo foi a força que revelou e expôs dramaticamente a contínua realidade da violência doméstica. Inicialmente, o foco do feminismo em violência doméstica destacou a violência de homens contra mulheres, mas com o progresso do movimento, surgiram evidências de que a violência doméstica também estava presente em relacionamentos entre pessoas do mesmo sexo, que mulheres em relacionamentos com mulheres eram e são muitas vezes vítimas de abuso, que crianças também eram vítimas da violência patriarcal de adultos, mulheres e homens.

A violência patriarcal em casa é baseada na crença de que é aceitável que um indivíduo mais poderoso controle outros por meio de várias formas de força coercitiva. Essa definição estendida de violência doméstica inclui a violência de homens contra mulheres, a violência em relacionamentos entre pessoas do mesmo sexo e a violência de adultos contra crianças. O termo "violência patriarcal" é útil porque, diferentemente da expressão "violência doméstica", mais comum, ele constantemente lembra o ouvinte que violência no lar está ligada ao sexismo e ao pensamento sexista, à dominação masculina. Por muito tempo, o termo violência doméstica tem sido usado como um termo "suave", que sugere emergir em um contexto íntimo que é privado e de alguma maneira menos ameaçador, menos brutal, do que a violência que acontece fora do lar. Isso não procede, já que mais mulheres são espancadas e assassinadas em casa do que fora de casa. Além disso, a maioria das pessoas tende a enxergar a violência doméstica entre adultos como algo separado e diferente da violência contra crianças, quando não é. Com frequência, crianças sofrem abuso quando tentam proteger a mãe que está sendo atacada por um companheiro ou marido, ou são emocionalmente afetadas por testemunhar violência e abuso.

Assim como a maioria dos cidadãos desta nação acredita em salários iguais para funções iguais, a maioria do pessoal acredita que homens não deveriam espancar mulheres nem crianças. Ainda assim, quando dizem para essas pessoas que violência doméstica é um resultado do sexismo, que ela não vai acabar enquanto não acabar o sexismo, elas não conseguem fazer essa dedução lógica, porque isso exige desafiar e mudar maneiras fundamentais de pensar gênero. Estou entre aquelas raras teóricas feministas que acreditam ser crucial para o movimento feminista ter como pauta principal o fim de todas as formas de violência. O foco feminista em violência patriarcal contra mulheres deveria permanecer

PELO FIM DA VIOLÊNCIA

como preocupação primária. No entanto, enfatizar a violência de homens contra mulheres de maneira a sugerir que é mais horrível do que todas as outras formas de violência patriarcal não serve para promover os interesses do movimento feminista. Isso ofusca a realidade de que muito da violência patriarcal é direcionada às crianças por mulheres e homens sexistas.

Em um esforço zeloso de chamar atenção para a violência de homens contra mulheres, pensadoras feministas reformistas ainda escolhem frequentemente retratar como vítimas sempre e somente mulheres. O fato de que vários ataques violentos contra crianças seja cometido por mulheres não é igualmente destacado e visto como outra expressão de violência patriarcal. Sabemos agora que crianças são violentadas, não somente quando são o alvo direto de violência patriarcal, mas também quando são forçadas a testemunhar atos violentos. Se todas as pensadoras feministas tivessem expressado ter se sentido ofendidas pela violência patriarcal perpetrada por mulheres, colocando isso em pé de igualdade com a violência de homens contra mulheres, seria mais difícil para o público ignorar a atenção dada à violência patriarcal, por enxergá-la como pauta anti-homem.

Adultos que foram vítimas de violência patriarcal cometida por mulheres sabem que elas não são pessoas não violentas, independentemente da quantidade de pesquisas que nos dizem que mulheres, com frequência, são mais inclinadas ao uso da não violência. A verdade é que crianças não têm uma voz coletiva organizada para expressar a realidade de como são frequentemente alvo de violência de mulheres. Se não fosse pelo alto número de crianças procurando atendimento médico em consequência da violência cometida por mulheres e homens, não haveria provas que documentassem a violência feminina.

A primeira vez que levantei essas questões foi no capítulo "Movimento feminista pelo fim da violência", no livro *Teoria feminista: da margem ao centro*, em que afirmo:

> É essencial para a contínua luta feminista pelo fim da violência contra mulheres que essa luta seja vista como parte de um movimento maior pelo fim da violência. Até então, o movimento feminista se concentrou primordialmente em violência masculina e, como consequência, proporciona credibilidade para estereótipos sexistas que sugerem que homens são violentos e mulheres não; homens são algozes, mulheres são vítimas. Esse tipo de pensamento nos permite ignorar a extensão de que mulheres (e homens), nesta sociedade, aceitam e perpetuam a ideia de que é aceitável que uma parte ou grupo dominante mantenha seu poder sobre o dominado por meio de força coercitiva. Isso nos faz negligenciar ou ignorar até que ponto mulheres exercem autoridade coercitiva ou atos violentos contra outras pessoas. O fato de que mulheres talvez não cometam atos de violência com tanta frequência quanto os homens não nega a realidade da violência feminina. Devemos enxergar tanto homens quanto mulheres nesta sociedade como grupos que apoiam o uso de violência, se quisermos eliminá-la.

Uma mãe que talvez jamais seja violenta, mas que ensina suas crianças, principalmente os filhos, que a violência é um meio aceitável de exercer controle social, ainda está em conluio com a violência patriarcal. O pensamento dela deve ser mudando.

PELO FIM DA VIOLÊNCIA

A maioria das mulheres claramente não usa violência para dominar homens (ainda que um número pequeno delas agrida os homens que fazem parte de sua vida), mas muitas mulheres acreditam que uma pessoa que tem autoridade tem o direito de usar de força para manter a autoridade. A maioria dos pais e das mães utiliza alguma forma de agressão física ou verbal contra suas crianças. Uma vez que mulheres ainda são as principais responsáveis pelos cuidados de filhas e filhos, os fatos confirmam a realidade de que em um sistema hierárquico de uma cultura de dominação que empodera mulheres (como o relacionamento mãe-criança), é muito frequente que utilizem força coercitiva para manter domínio. Em uma cultura de dominação, todo mundo é socializado para enxergar violência como meio aceitável de controle social. Grupos dominantes mantêm poder através da ameaça (aceita ou não) de que castigo abusivo, físico ou psicológico, será usado sempre que estruturas hierárquicas em exercício forem ameaçadas, quer seja em um relacionamento homem-mulher, quer seja na conexão entre pais ou mães e crianças.

A violência de homens contra mulheres já recebeu muita atenção contínua da mídia (ressaltada por casos nos tribunais reais, como o julgamento contra O. J. Simpson), mas a consciência não levou o público norte-americano a desafiar as causas ocultas dessa violência, a desafiar o patriarcado. O pensamento sexista continua a apoiar a dominação masculina e a consequente violência. Como uma multidão de homens desempregados e da classe trabalhadora dentro do patriarcado de supremacia branca não sente que tem poder no trabalho, eles são incentivados a sentir que o único lugar onde terão total autoridade e respeito é em casa. Homens são socializados por grupos de homens de classe dominante a aceitar a dominação no mundo público do trabalho e a acreditar que o mundo privado da casa e dos relacionamentos íntimos vai restaurar neles o senso de poder, que eles equiparam à masculinidade. Com mais homens entrando para o grupo de desempregados ou recebendo baixos salários, e mais mulheres entrando para o mercado de trabalho, alguns homens sentem que o uso da violência é a única maneira de estabelecer e manter o poder e a dominação dentro da hierarquia sexista do papel dos sexos. Até que desaprendam o pensamento sexista que diz que eles têm direito de comandar as mulheres de qualquer forma, a violência de homens contra mulheres continuará sendo norma.

No início do pensamento feminista, ativistas frequentemente deixaram de comparar a violência de homens contra mulheres ao militarismo imperialista. Essa conexão com frequência era ignorada porque as pessoas que eram contra a violência dos homens muitas vezes aceitavam e até mesmo apoiavam o militarismo. Enquanto o pensamento sexista socializar garotos para serem "matadores", seja no imaginário do bom garoto, nas brigas dos "*bad boys*" ou como soldados no imperialismo mantendo o poder coercitivo sobre nações, a violência patriarcal contra mulheres e crianças vai continuar. Nos últimos anos, quando homens jovens de diversas origens de classe cometeram atos horrorosos de violência, houve condenação nacional desses atos, mas poucas tentativas de conectar essa violência ao pensamento sexista.

Eu concluo o capítulo sobre violência em *Teoria feminista: da margem ao centro* enfatizando que homens não são as únicas pessoas que aceitam, perdoam e perpetuam a violência, que criam essa cultura de violência. Insisto que

PELO FIM DA VIOLÊNCIA

mulheres devem assumir a responsabilidade do papel delas na aceitação da violência:

Ao apenas chamar atenção para a violência de homens contra mulheres ou dizer que militarismo é apenas mais uma expressão da violência masculina, não abordamos adequadamente o problema da violência e dificultamos o desenvolvimento de estratégias e soluções viáveis para a resistência. Enquanto precisamos amenizar o problema da violência de homens contra mulheres ou da violência de homens contra nações ou o planeta, devemos reconhecer que homens e mulheres juntos fizeram dos Estados Unidos uma cultura de violência e devem trabalhar juntos para transformar e recriar essa cultura. Mulheres e homens devem se opor ao uso de violência como meio de controle social em todas as suas manifestações: guerra, violência de homens contra mulheres, violência de adultos contra crianças, violência de adolescentes, violência racial etc. Os esforços feministas pelo fim da violência de homens contra mulheres deve ser estendido a um movimento pelo fim de todas as formas de violência.

E é particularmente vital que pais e mães aprendam a maternagem e a paternagem não violentas. Porque nossas crianças não se posicionarão contra a violência, se esta for a única maneira que conhecerem para lidar com situações difíceis.

Em nossa nação, uma multidão de pessoas está preocupada com a violência, mas se recusam resolutamente a relacionar essa violência ao pensamento patriarcal ou à dominação masculina. O pensamento feminista oferece uma solução. E depende de nós tornar essa solução disponível para todo mundo.

12. Masculinidade feminista

Quando o movimento feminista contemporâneo começou, tinha uma facção anti-homem feroz. Mulheres heterossexuais individuais chegaram ao movimento recém-saídas de relacionamentos em que o homem era cruel, mau, violento, infiel. Vários desses homens eram pensadores radicais que participavam de movimentos por justiça social, falavam em nome dos trabalhadores, dos pobres, defendendo justiça racial. Mas quando a questão era gênero, eles eram tão sexistas quanto os companheiros conservadores. Mulheres individuais chegavam furiosas, vindas desses relacionamentos. E elas usavam essa fúria como catalisador da libertação das mulheres. À medida que o movimento progredia, à medida que o pensamento feminista avançava, ativistas feministas intelectuais enxergaram que homens não eram o problema, que o problema era o patriarcado, o sexismo e a dominação masculina. Era difícil encarar a realidade de que o problema não estava apenas com os homens. Encarar essa realidade exigia uma teorização mais complexa; exigia reconhecer o papel que as mulheres tinham na manutenção e perpetuação do sexismo. Quando mais mulheres se afastaram de relacionamentos destrutivos com homens, foi mais fácil enxergar o cenário como um todo. Ficou óbvio: mesmo que homens individuais abrissem mão do privilégio patriarcal, o sistema do patriarcado, o sexismo e a dominação masculina ainda estariam intactos e as mulheres ainda seriam exploradas e/ou oprimidas.

A mídia de massa conservadora constantemente representava as feministas como "mulheres que odeiam homens". E quando havia uma facção ou o sentimento anti-homem no movimento, eles destacavam isso como maneira de desacreditar o feminismo. Nessa representação das feministas como mulheres que odeiam homens, incluíram o pressuposto de que toda feminista era lésbica. Apelando para a homofobia, a mídia de massa intensificou o sentimento antifeminista entre os homens. Antes de o movimento feminista completar dez anos, pensadoras feministas começaram a falar sobre como o patriarcado era prejudicial para os homens. Sem alterar nossa crítica feroz à dominação masculina, políticas feministas foram expandidas para incluir o reconhecimento de que o patriarcado tirou certos direitos dos homens, impondo neles uma identidade masculina sexista.

Homens antifeministas sempre tiveram voz pública forte. Os homens que temiam e odiavam o pensamento feminista e as ativistas feministas rapidamente organizaram sua força coletiva e atacaram o movimento. Mas desde o início do movimento houve um pequeno grupo de homens que reconheceu o feminismo como tão válido para o movimento por justiça social quanto os demais movimentos radicais que os homens apoiaram ao longo da história de nossa nação. Esses homens se tornaram nossos camaradas na luta e nossos aliados. Mulheres heterossexuais individuais ativistas do movimento com frequência estavam em relacionamentos com homens que se esforçavam para aceitar o feminismo. A conversão deles para o pensamento feminista era frequentemente

MASCULINIDADE FEMINISTA

uma questão de encarar o desafio ou correr o risco de acabar com laços íntimos.

Facções anti-homem dentro do movimento feminista se sentiam ofendidas com a presença de homens antissexistas, porque a presença deles estava contrária a qualquer insistência de que todos os homens eram opressores ou de que todos os homens detestavam mulheres. Isso promoveu o interesse de mulheres feministas que buscavam maior mobilidade de classe e acesso a formas de poder patriarcal para polarizar homens e mulheres, colocando-nos em categorias bem definidas de opressor/oprimida. Elas representavam todos os homens como inimigos, a fim de representar todas as mulheres como vítimas. Esse foco nos homens desviava a atenção dada ao privilégio de classe por ativistas feministas individuais, assim como o desejo de aumentar o poder de classe. Essas militantes individuais que incitavam todas as mulheres a rejeitar homens recusaram-se a olhar tanto para os laços de carinho que mulheres compartilhavam com homens quanto para os laços econômicos e emocionais (fossem positivos ou negativos) que conectam mulheres a homens que são sexistas.

As feministas que pediam o reconhecimento de homens como camaradas em batalha jamais receberam a atenção da mídia de massa. Nosso trabalho teórico criticando a demonização dos homens como inimigos não mudou a perspectiva das mulheres que eram anti-homem. E foram as reações à representatividade negativa dos homens que levou ao desenvolvimento de um movimento de homens que era antimulher. Ao escrever sobre o movimento da "libertação do homem", chamei atenção para o oportunismo que sustentava esse movimento:

O FEMINISMO É PARA TODO MUNDO

Esses homens se identificaram como vítimas do sexismo, trabalhando pela libertação dos homens. Identificaram papéis sexuais rígidos como a principal fonte de sua vitimização e, apesar de quererem mudar a noção de masculinidade, não estavam preocupados com a exploração sexual e a opressão de mulheres.

De várias maneiras, o movimento dos homens refletiu as características mais negativas do movimento das mulheres.

Ainda que facções anti-homem dentro do feminismo tenham ocorrido em pequeno número, é difícil mudar a imagem de anti-homem que as mulheres feministas têm no imaginário coletivo. Claro, ao caracterizar o feminismo como anti-homem, eles conseguiriam desviar a atenção da responsabilidade que eles têm pela dominação masculina. Se a teoria feminista tivesse oferecido visões mais libertadoras de masculinidade, teria sido impossível para qualquer pessoa dispensar o movimento com a justificativa de ser anti-homem. Em grande extensão, o movimento feminista falhou em atrair um grande número de mulheres e homens, porque nossa teoria não abordou com eficiência não só o que os homens podem fazer para ser antissexistas, mas também como poderia ser uma masculinidade alternativa. Frequentemente, a única alternativa para a masculinidade patriarcal apresentada pelo movimento feminista ou pelo movimento dos homens foi a visão de homens se tornando mais "femininos". A ideia do feminino que foi evocada surgiu do pensamento sexista e não representava uma alternativa.

O que é e foi necessário é uma visão de masculinidade em que a autoestima e autoamor da pessoa, que é única, formam a base da identidade. Culturas de dominação atacam a autoestima,

MASCULINIDADE FEMINISTA

substituindo-a por uma noção de que obtemos nosso senso de ser a partir do domínio do outro. Para mudar isso, homens devem criticar e desafiar a dominação masculina sobre o planeta, sobre homens menos poderosos e sobre mulheres e crianças. Mas devem também ter uma visão clara do que é a masculinidade feminista. Como você pode se tornar o que você não consegue imaginar? E essa visão ainda precisa ser totalmente esclarecida por pensadores feministas, homens e mulheres.

Como é frequentemente o caso, em movimentos revolucionários por justiça social, nós somos melhores em nomear o problema do que em pensar em uma solução para ele. Nós sabemos que masculinidade patriarcal incentiva homens a serem patologicamente narcisistas, infantis e psicologicamente dependentes dos privilégios (ainda que relativos) que recebem simplesmente porque nasceram homens. Muitos homens sentem que a vida será ameaçada se esses privilégios lhes forem tirados, já que não estruturaram qualquer identidade essencial significante. Por isso, o movimento dos homens tentou positivamente ensinar homens a se reconectar com sentimentos, a resgatar o garoto perdido e a nutrir a alma, o crescimento espiritual.

Nenhum *corpus* significativo de literatura feminista surgiu para dialogar com garotos, para dizer a eles como construir uma identidade que não seja fundamentada no sexismo. Homens antissexistas pouco se educaram para a consciência crítica que inclui o foco na juventude, principalmente o desenvolvimento dos garotos adolescentes. Como consequência dessa falha, agora que as discussões sobre a educação de garotos estão ganhando atenção nacional, as perspectivas feministas são raramente, se é que de alguma forma são, parte da discussão. Infelizmente, estamos testemunhando o ressurgimento de pressupostos misóginos nocivos de que mães não conseguem criar filhos saudáveis, de que garotos se "beneficiam" de noções militares patriarcais da masculinidade, que enfatizam disciplina e obediência à autoridade. Garotos precisam ter a autoestima saudável. Eles precisam de amor. E políticas feministas sábias e amáveis podem proporcionar a única fundamentação para salvar a vida dos garotos. O patriarcado não vai curá-los. Se esse fosse o caso, todos eles estariam bem.

A maioria dos homens nesta nação se sente perturbada pela natureza de sua identidade. Mesmo apegados ao patriarcado, eles estão começando a intuir que ele é parte do problema. A falta de empregos, a natureza pouco recompensadora do trabalho remunerado e o aumento do poder de classe das mulheres têm tornado difícil para os homens que não são ricos nem poderosos saber em que posição estão. O patriarcado capitalista da supremacia branca não tem capacidade de proporcionar tudo o que prometeu. Vários homens estão angustiados porque não se engajaram nas críticas libertadoras que poderiam possibilitar a eles encarar o fato de que essas promessas estavam fundamentadas em injustiça e dominação, e, até mesmo quando cumpridas, jamais levaram os homens à glória. Ao atacar a libertação e, ao mesmo tempo, reforçar os pensamentos patriarcais capitalistas de supremacia branca que assassinaram sua alma, eles se mostram tão perdidos quanto vários garotos.

Uma visão feminista que adere à masculinidade feminista, que ama garotos e homens e exige, em nome deles, todos os direitos que desejamos para garotas e mulheres, pode renovar o homem norte-americano. Principalmente, o pensamento feminista ensina a todos nós como amar a justiça e a liberdade de maneira a nutrir e afirmar a vida. Claramente, precisamos de novas estratégias, novas teorias, diretrizes que nos mostrarão como criar um mundo em que a masculinidade feminista prospere.

13. Maternagem e paternagem feministas

O foco feminista em crianças foi um componente central do movimento feminista radical contemporâneo. Ao educar as crianças sem sexismo, as mulheres esperavam criar um mundo futuro onde não haveria necessidade de um movimento antissexista. Inicialmente, o foco nas crianças destacou sobretudo os papéis sexistas dos sexos e a maneira como eles eram impostos às crianças desde o nascimento. A atenção feminista às crianças quase sempre se concentrou em garotas, em atacar o preconceito sexista e em promover imagens alternativas. De vez em quando, as feministas chamavam atenção para a necessidade de educar os garotos de maneira antissexista, mas majoritariamente a crítica ao patriarcado masculino, a insistência de que todos os homens viviam uma situação melhor que todas as mulheres, aos poucos se constituía. O pressuposto de que garotos sempre tiveram mais privilégio e poder do que garotas incentivou as feministas que priorizaram o foco nas garotas.

Uma das principais dificuldades que pensadoras feministas encaravam quando confrontavam o sexismo na família era o fato de, com muita frequência, mães transmitirem o pensamento sexista. Mesmo nos lares onde não havia um pai presente, as mulheres ensinavam, e ensinam, pensamentos sexistas para as crianças. De maneira irônica, várias pessoas pressupõem que qualquer lar é automaticamente matriarcal quando a mulher é chefe de família. Na realidade, mulheres chefes de família na sociedade patriarcal, com frequência, sentem-se culpadas pela ausência de uma figura masculina e ficam hiperatentas à comunicação de valores sexistas para as crianças, principalmente para os garotos. Há pouco tempo, especialistas conservadores responderam a uma série de atos violentos perpetrados por jovens garotos de todas as classes e raças, sugerindo que mulheres solteiras não conseguem criar meninos saudáveis. Isso simplesmente não é verdade. Fatos comprovam que alguns dos mais amorosos e poderosos homens em nossa sociedade foram criados por mulheres solteiras. Mais uma vez, devemos reiterar que a maioria das pessoas pressupõe que mulheres solo que educam crianças, em especial filhos, não ensinarão um garoto a se tornar um homem patriarcal. Esse simplesmente não é o caso.

Dentro de culturas de dominação patriarcal capitalista de supremacia branca, crianças não têm direitos. O movimento feminista foi o primeiro movimento por justiça social nesta sociedade a chamar atenção para o fato de que nossa cultura não ama crianças, continua a enxergar crianças como propriedade do pai e da mãe, para que façam com elas o que bem entenderem. Violência adulta contra crianças é norma em nossa sociedade. Há o problema de que, em sua maioria, pensadoras feministas jamais quiseram chamar atenção para a realidade de que mulheres são, com frequência, as principais culpadas pela violência diária contra crianças, simplesmente porque são as principais responsáveis por tomar conta delas. Ainda que fosse crucial e revolucionário

MATERNAGEM E PATERNAGEM FEMINISTAS

que os movimentos feministas chamassem atenção para o fato de que a dominação masculina no lar frequentemente cria uma autocracia em que homens abusam sexualmente de crianças, o fato é que multidões de crianças são abusadas de modo verbal e físico por mulheres e homens, todos os dias. O sadismo maternal com frequência leva mulheres a abusar emocionalmente de crianças, e a teoria feminista ainda não ofereceu nem crítica feminista nem intervenção feminista quando a questão é violência de mulher adulta contra criança.

Em uma cultura de dominação, em que as crianças não têm direitos civis, aqueles que são poderosos – as mulheres e os homens adultos – podem exercer controle autocrático sobre as crianças. Dados médicos comprovam que crianças são abusadas violentamente todos os dias nesta sociedade. Vários desses abusos ameaçam a vida. Muitas crianças morrem. Mulheres perpetuam essa violência tanto quanto homens, se não mais. Uma grande diferença entre pensamento e prática feministas tem sido a recusa do movimento em confrontar diretamente a violência de mulheres adultas contra crianças. Enfatizar a dominação masculina torna fácil para mulheres, inclusive pensadoras feministas, ignorar os mecanismos de que as mulheres dispõem para abusar de crianças, porque todos nós fomos socializados para aderir ao pensamento patriarcal, para aderir à ética da dominação que diz que os poderosos têm direito de comandar quem não tem poder e podem usar quaisquer meios para subordiná-los. Na hierarquia do patriarcado capitalista de supremacia branca, a dominação de mulheres por homens é justificada, da mesma maneira que a dominação adulta de crianças. E ninguém quer de fato chamar atenção para as mães que abusam.

O FEMINISMO É PARA TODO MUNDO

Frequentemente conto a história de quando eu estava em um jantar chique durante o qual uma mulher descreveu sua maneira de disciplinar o filho com um beliscão, apertando a pele do garoto pelo tempo necessário para controlá-lo. E como todos aplaudiram o desejo dela de ser disciplinadora. Compartilhei minha consciência de que o comportamento dela era abusivo, que ela estava potencialmente plantando as sementes para que esse garoto crescesse e fosse abusivo com as mulheres. Ressaltei para quem estava ouvindo que se tivéssemos ouvido um homem dizer que belisca a mulher com força para controlar seu comportamento, isso teria sido imediatamente compreendido como comportamento abusivo. Ainda assim, quando uma criança é machucada, esse tipo de dominação masculina é desculpada. Esse não é um incidente isolado – violências muito mais severas são diariamente praticadas por mães e pais, contra crianças.

De fato, a crise que as crianças desta nação estão encarando é a de que o pensamento patriarcal, ao confrontar as mudanças feministas, transforma as famílias em um campo de guerra mais do que quando a dominação masculina era a norma em todos os lares. O movimento feminista serviu como catalisador, revelando a grave extensão em que o abuso sexual masculino de crianças aconteceu e acontece na família patriarcal. Isso começou com mulheres adultas, dentro do movimento feminista, recebendo cuidados terapêuticos, reconhecendo que eram sobreviventes de abuso e levando esse reconhecimento do âmbito particular da terapia para o discurso público. Essas revelações criaram o contexto positivo ético e moral para crianças confrontarem o abuso que acontecia no presente. No entanto, apenas por chamar atenção para o abuso sexual masculino de crianças, não criou um cenário em que

MATERNAGEM E PATERNAGEM FEMINISTAS

multidões de pessoas pudessem compreender que esse abuso está ligado à dominação masculina, que isso só acabará quando o patriarcado for eliminado. O abuso sexual de crianças por homens acontece mais frequentemente e é mais relatado do que o abuso por mulheres, mas a coerção sexual feminina de crianças deve ser vista como algo tão horrendo quanto o abuso por homens. E o movimento feminista deve criticar as mulheres que abusam, tão severamente quanto critica os homens que abusam. Para além do âmbito do abuso sexual, a violência contra crianças assume várias formas, sendo as mais comuns os atos de abuso verbal e psicológico.

A humilhação abusiva estabelece fundamentos para outras formas de abuso. Garotos são com frequência sujeitados a abusos quando seu comportamento não está em conformidade com noções sexistas de masculinidade. Eles são frequentemente humilhados por adultos sexistas (principalmente mães) e outras crianças. Quando homens que tomam conta de crianças internalizam o pensamento e o comportamento antissexistas, meninos e meninas têm oportunidade de ver o feminismo em ação. Quando pensadores e ativistas feministas oferecem a crianças um contexto de educação em que preconceitos antissexistas não são o padrão usado para julgar o comportamento, garotos e garotas são capazes de desenvolver autoestima saudável.

Uma das intervenções mais positivas do movimento feminista em nome das crianças foi criar uma maior conscientização cultural da necessidade de participação igual dos homens na criação, não somente para construir equidade de gênero, mas também para estabelecer melhores relacionamentos com as crianças. No futuro, estudos feministas registrarão todas as formas de a paternagem melhorar a vida das crianças. Ao mesmo tempo, precisamos saber mais sobre maternagem e paternagem feministas, sobre como, na prática, podemos criar as crianças em ambientes antissexistas e, o mais importante, precisamos saber mais sobre que tipo de pessoas as crianças educadas nesses lares se tornam.

As ativistas feministas visionárias jamais negaram a importância e o valor da paternagem, mesmo enquanto trabalhamos para criar mais reconhecimento da maternidade e do trabalho das mulheres que exercem a maternagem. É um desserviço para todas as mulheres quando a glorificação da participação do homem na parentalidade leva à depreciação e desvalorização do trabalho positivo de maternagem das mulheres. No início do feminismo, as feministas eram duras na crítica à maternagem, opondo essa tarefa a carreiras consideradas mais libertadoras, mais autoafirmadoras. No entanto, no meio da década de 1980, pensadoras feministas desafiavam a desvalorização feminista da maternidade e a supervalorização do trabalho fora de casa. Ao escrever sobre esse tema em *Feminist Theory: From Margin to Center*, apresentei este ponto de vista:

> Trabalhar em um contexto social em que sexismo ainda é norma, em que há competições desnecessárias promovendo inveja, desconfiança, antagonismo e maldade entre indivíduos, torna o trabalho estressante, frustrante e, com frequência, insatisfatório... Muitas mulheres que gostam e apreciam o trabalho assalariado sentem que isso ocupa muito de seu tempo, deixando pouco espaço para outras buscas satisfatórias. Enquanto o trabalho pode ajudar mulheres a ter um grau de independência financeira ou até mesmo ser financeiramente autossuficientes, para a maioria

MATERNAGEM E PATERNAGEM FEMINISTAS

das mulheres, ele não atendeu de maneira adequada às necessidades humanas. Como consequência, a busca das mulheres por um trabalho que proporciona realização, em um ambiente de cuidado, levou a reforçar a importância da família e os aspectos positivos da maternidade.

Ironicamente, quando pensadoras feministas trabalharam para criar uma imagem mais balanceada de uma cultura de maternagem, a cultura patriarcal dominante lançou uma perversa crítica à maternagem solo e aos lares comandados por mulheres. Essa crítica foi mais dura quando o assunto era bem-estar. Ignorando todos os dados que mostram o quanto mães solteiras amáveis exercem habilidosamente a maternagem com pouca renda – tanto quando recebem assistência do Estado como quando são assalariadas –, críticas patriarcais chamam atenção para famílias disfuncionais cujo chefe é uma mulher; agem como se isso fosse norma, e então sugerem que o problema poderia ser solucionado se houvesse um homem no contexto, como provedor patriarcal e chefe da família.

Nenhuma reação antifeminista foi tão prejudicial para o bem-estar das crianças quanto a depreciação de mães solteiras pela sociedade. Em uma cultura que tem a família patriarcal constituída por pai e mãe em mais alta estima do que qualquer outro arranjo familiar, todas as crianças se sentem emocionalmente inseguras quando são de uma família que não está de acordo com o padrão. Uma visão utópica da família patriarcal permanece intacta, a despeito de todas as evidências que comprovam que o bem-estar das crianças não está mais assegurado em uma família disfuncional cujo chefe é um homem do que em uma família disfuncional

O FEMINISMO É PARA TODO MUNDO

cuja chefe é uma mulher. Crianças precisam ser educadas em ambientes amorosos. Sempre que a dominação estiver presente, faltará amor. Mães e pais amáveis, sejam solteiros ou casados, gays ou heterossexuais, sendo a mulher ou o homem chefe da família, têm mais probabilidade de criar crianças saudáveis e felizes, com boa autoestima. Em futuros movimentos feministas, precisamos trabalhar mais para mostrar a mães e pais como acabar com o sexismo muda positivamente a vida da família. O movimento feminista é pró-família. Acabar com a dominação patriarcal de crianças, seja por homens, seja por mulheres, é a única maneira de tornar a família um lugar no qual as crianças se sentem seguras, no qual elas podem ser livres, no qual podem conhecer o amor.

14. Casamento e companheirismo libertadores

Quando o movimento feminista contemporâneo estava em seu ápice, a instituição do casamento era severamente criticada. A entrada de várias mulheres heterossexuais no movimento foi provocada pela dominação masculina em relacionamentos íntimos, principalmente casamentos de muito tempo, em que a desigualdade de gênero era norma. Desde seu início, o movimento desafiou o padrão binário de sexualidade que condenava mulheres que não eram virgens ou não eram amantes e esposas fiéis, enquanto permitia aos homens espaço para fazer o que quer que fosse o desejo sexual deles e ter o comportamento desculpado. O movimento de libertação sexual fortaleceu a crítica feminista ao casamento, principalmente a demanda por métodos de controle de natalidade seguros e acessíveis.

No início, militantes feministas tinham a atenção focada em laços íntimos e relações domésticas, porque era nessas circunstâncias que mulheres de todas as classes e raças sentiam a violência da dominação masculina, de mães e pais ou de cônjuges patriarcais. Uma mulher pode ser assertiva ao desafiar seu chefe sexista ou a tentativa de um estranho de dominá-la, e então ir para casa e se submeter ao cônjuge. Feministas contemporâneas, tanto as heterossexuais que vinham de um casamento longo quanto as lésbicas aliadas na luta, criticavam o casamento como mais uma forma de escravidão sexual. Elas destacavam a maneira com que laços sexuais levavam a casamentos em que elementos de intimidade, cuidado e respeito eram sacrificados para que os homens pudessem ficar por cima – para que fossem patriarcas com o controle total.

Ainda no início, várias mulheres feministas estavam pessimistas em relação à mudança dos homens. Algumas mulheres heterossexuais decidiram que optariam pelo celibato ou pela lesbianidade em vez de procurar por relacionamentos desiguais com homens sexistas. Outras achavam que a monogamia sexual com homens reforçava a ideia de que o corpo da mulher era propriedade do indivíduo homem com quem se envolveu. Escolhemos relacionamentos não monogâmicos e com frequência nos recusamos a casar. Acreditamos que viver com um parceiro sem o casamento sancionado pelo Estado dentro de uma sociedade patriarcal ajudou os homens a manter um respeito saudável pela autonomia da mulher. As feministas defendiam o fim da escravidão sexual e chamavam atenção para a prevalência de estupro marital, enquanto também defendiam os direitos das mulheres de expressar desejo sexual, iniciar a interação sexual e ser sexualmente realizada.

Houve vários homens heterossexuais aderindo ao pensamento feminista, exatamente porque eles não eram realizados sexualmente em relacionamentos com parceiras que não eram interessadas em sexo, porque aprenderam que mulheres virtuosas não eram sexualmente ativas. Esses homens eram gratos ao movimento feminista por oferecer um paradigma sexual libertador para as parceiras, porque

CASAMENTO E COMPANHEIRISMO LIBERTADORES

garantia que teriam uma vida sexual mais satisfatória. Ao desafiar a noção de que a virtude de uma mulher era determinada por sua prática sexual, pensadoras feministas não só afastaram o estigma de não ser virgem, como também colocaram o bem-estar sexual da mulher em pé de igualdade com o do homem. Incentivando mulheres a não fingirem que eram sexualmente realizadas quando esse não era o caso, o feminismo ameaçou expor as falhas sexuais masculinas.

Para neutralizar essa ameaça, homens sexistas insistiam sempre na ideia de que a maioria das feministas era lésbica, ou de que tudo o que qualquer mulher feminista precisava era de "uma boa trepada" para colocá-la em seu devido lugar. Na realidade, a rebelião feminista expôs o fato de que várias mulheres não tinham relações sexuais satisfatórias com homens em relacionamentos patriarcais. Em relacionamentos íntimos, a maioria dos homens estava mais disposta a aderir às mudanças feministas na sexualidade da mulher que faziam a mulher ser mais sexualmente ativa do que àquelas mudanças que exigiam a elas rever o comportamento sexual. A ausência das preliminares no sexo era uma questão bastante discutida quando a pauta feminista abordou a heterossexualidade pela primeira vez. Mulheres hétero estavam cansadas da coerção sexual masculina e da falta de preocupação com o prazer feminino. O foco feminista em prazer sexual proporcionou às mulheres a linguagem necessária para criticar e desafiar o comportamento sexual masculino.

Quando a questão foi liberdade sexual das mulheres, elas avançaram muito. A crítica à monogamia foi esquecida, já que a persistência das doenças sexualmente transmissíveis tornou mais difícil para mulheres a escolha da promiscuidade sexual. A prevalência de doenças que colocavam a vida em risco, como a aids, cuja tendência é ser mais facilmente transmitida do homem para a mulher, em uma cultura patriarcal em que os homens são incentivados a mentir para as mulheres, ficou mais difícil para as mulheres heterossexuais escolherem ter variados parceiros. Quando a ênfase é a monogamia em laços afetivos heterossexuais dentro do patriarcado, é mais difícil para casais romper com paradigmas sexistas. Ao mesmo tempo, dentro do patriarcado, várias mulheres feministas individuais descobriram que relacionamentos não monogâmicos simplesmente davam aos homens mais poder, enquanto enfraqueciam as mulheres. Enquanto as mulheres têm liberdade de escolher fazer sexo com homens que têm relacionamento com outra mulher, os homens com frequência não demonstram interesse sexual por mulheres que têm parceiro. Ou constantemente concedem poder ao homem com o qual a mulher tem relação, até mesmo indo ao ponto de buscar aprovação para o envolvimento deles. Apesar dessas dificuldades, o fato de mulheres terem liberdade para serem não monógamas, independentemente de usarmos a liberdade ou não, continua a romper e a desafiar a noção de que o corpo feminino pertence ao homem. Como todas as mudanças positivas resultantes da crítica feminista das noções sexistas do prazer sexual, isso ajudou a criar um mundo no qual mulheres e homens podem ter relacionamentos sexuais mais satisfatórios.

A princípio, parecia que mudanças na natureza dos laços sexuais levariam a outras mudanças nos relacionamentos domésticos, que homens dividiriam igualmente com as mulheres as tarefas domésticas e o cuidado das crianças. Hoje em dia, tantos homens reconhecem que deveriam fazer trabalho doméstico, independentemente de fazerem ou não, que

CASAMENTO E COMPANHEIRISMO LIBERTADORES

mulheres jovens não veem necessidade em falar da divisão de tarefas domésticas como uma questão; apenas aceitam isso como norma. Claro que a realidade é que jamais se tornou norma, tanto que, na maioria das vezes, mulheres ainda fazem a maior parte do trabalho doméstico e cuidam das crianças. De modo geral, os homens estavam mais dispostos a aceitar e a afirmar a igualdade no quarto do que a aceitar a igualdade em relação ao trabalho doméstico a cuidados com os filhos. Não é surpreendente que enquanto mulheres individuais ganhavam poder de classe, muitas mulheres lidavam com a iniquidade, contratando pessoas para tomar conta das tarefas que nem elas nem o parceiro gostariam de fazer. Ainda assim, quando um casal heterossexual paga por ajuda para fazer as tarefas que o pensamento sexista define como "feminina" em geral, é a mulher que contrata a ajuda e supervisiona o trabalho.

Mais do que qualquer fator, a crítica feminista à maternagem como único propósito satisfatório na vida de uma mulher mudou a natureza do casamento e de relacionamentos longos. Uma vez que o valor da mulher deixou de ser determinado pelo fato de ela ter ou não gerado e educado crianças, foi possível para um casal em que ambos tivessem profissão decidir não ter crianças, para investir em um casamento de pares – um relacionamento entre iguais. A ausência de crianças tornou fácil ser par, simplesmente porque da maneira como a sociedade patriarcal automaticamente pressupõe que determinadas tarefas são executadas por mães, quase sempre é mais difícil para as mulheres alcançar equidade de gênero quando têm de cuidar das crianças. Por exemplo: é bastante notável que, no início do movimento feminista, o estabelecimento médico patriarcal que anteriormente havia desvalorizado a amamentação de repente começou a não somente

O FEMINISMO É PARA TODO MUNDO

ser otimista em relação a ela como também insistente. Esse é apenas um aspecto da criação das crianças que automaticamente dá mais responsabilidade para a mulher que gerou, independentemente de ela ser heterossexual ou lésbica. Certamente, várias mulheres em relacionamentos com homens, com frequência, descobriram que ter um recém-nascido jogou seu relacionamento de volta a regras sexistas. No entanto, quando casais se esforçam para manter a equidade em todas as esferas, principalmente no cuidado das crianças, isso pode se tornar realidade; entretanto, a questão central é trabalhar com dedicação. E a maioria dos homens não escolheu trabalhar com dedicação no cuidado das crianças.

Intervenções feministas chamaram atenção positivamente para o valor e a importância da paternagem, tanto em relação ao bem-estar das crianças quanto em relação à equidade de gênero. Quando os homens participam igualmente da parentalidade, o relacionamento entre mulher e homem é melhor, independentemente de pai e mãe viverem juntos ou separados. Mais do que nunca, homens estão exercendo a paternagem, o que é uma consequência do movimento feminista, mas ainda não alcançamos nem mesmo um traço do que seria a equidade de gênero. E sabemos que essa participação igual faz a parentalidade ser mais positiva e a experiência ser mais satisfatória para todas as partes envolvidas. É claro que as demandas de trabalho muitas vezes criam obstáculos para uma maior participação de pais e mães trabalhadores, principalmente os pais, no cuidado da criança. Até que vejamos grandes mudanças na maneira com que o trabalho é estruturado no que se refere a tempo, não viveremos em um mundo onde a vida é projetada para permitir aos homens tempo e espaço para

CASAMENTO E COMPANHEIRISMO LIBERTADORES

a paternagem. Nesse mundo, os homens podem vir a sentir mais vontade de ser pai. Mas até lá, muitos trabalhadores que estão exaustos e são mal pagos aceitarão de muito bom grado que a mulher seja completamente responsável pelo cuidado da criança, ainda que a mulher esteja exausta e seja mal paga. O mundo do trabalho dentro do patriarcado capitalista de supremacia branca tornou mais difícil para as mulheres ser mãe integralmente. De fato, essa realidade está levando mulheres que escolheriam investir na carreira a ficar em casa. Em vez de o pensamento sexista sobre dominação masculina ser o fator que tira as mulheres do mercado de trabalho e as coloca de volta em casa, é o medo de que estejamos criando uma sociedade de crianças "sem pai e mãe" que faz isso. Várias mulheres pensam que carreiras competitivas deixam pouco tempo para construir relacionamentos amorosos. O fato de que ninguém fala em homens deixarem o trabalho para ser pais em tempo integral demonstra até que ponto o pensamento sexista sobre papéis prevalece. A maioria das pessoas em nossa sociedade ainda acredita que as mulheres são melhores na criação de filhas e filhos do que os homens.

Em preocupante extensão, mulheres, que, se por um lado criticaram a maternidade, por outro apreciavam o status especial e os privilégios que isso dava a elas, principalmente em relação ao laço criado entre mãe e criança, não estavam tão dispostas a renunciar ao orgulho da posição na parentalidade em relação aos homens quanto as pensadoras feministas esperavam. Pensadoras feministas individuais que criticaram o determinismo biológico em todas as outras áreas com frequência aderiam a ele quando o assunto era maternagem. Elas não foram capazes de aderir completamente

O FEMINISMO É PARA TODO MUNDO

à noção de que os pais são tão importantes quanto as mães e sabem exercer a parentalidade tão bem quanto elas. Essas contradições, junto com a predominância do pensamento sexista, enfraqueceu a exigência feminista por equidade de gênero, quando o assunto é o cuidado das crianças.

Hoje em dia, a mídia de massa continuamente nos bombardeia com a mensagem de que o casamento voltou. O casamento jamais saiu de moda. Com frequência, quando as pessoas falam desse retorno, o que elas realmente querem dizer é que noções sexistas de casamento estão na moda de novo. Esse fato é problemático para o movimento feminista, porque é tão claro hoje quanto foi ontem que a probabilidade de casamentos construídos sobre fundamentos sexistas serem problemáticos e raramente durarem é grande. Os casamentos tradicionalmente sexistas estão cada vez mais em voga. E ao mesmo tempo que eles tendem a plantar as sementes de tristeza e insatisfação em relacionamentos domésticos que serviram como catalisador da rebelião feminista, o fator que rompe com a tradição é que esses laços muitas vezes se quebram rapidamente. As pessoas se casam cedo e se divorciam cedo.

A dominação masculina patriarcal nos casamentos e uniões tem sido a principal força a criar separações e divórcios em nossa sociedade. Todas as pesquisas recentes sobre casamentos bem-sucedidos demonstram que a equidade de gênero cria um contexto em que cada indivíduo do casal tem probabilidade de se afirmar. Essa afirmação gera uma felicidade maior e, mesmo que o casamento não dure para sempre, a amizade entre os pares, que foi a base do laço, continua. Significativamente, em movimentos feministas futuros, gastaremos menos tempo criticando laços matrimoniais

CASAMENTO E COMPANHEIRISMO LIBERTADORES

patriarcais e nos esforçaremos mais para mostrar alternativas, mostrar o valor do relacionamento entre pares fundamentado em princípios de igualdade, respeito e crença de que a satisfação mútua e o crescimento são necessários para a relação ser satisfatória e duradoura.

15. Uma política sexual feminista: uma ética de liberdade mútua

Antes do movimento feminista, antes da libertação sexual, a maioria das mulheres achava difícil, se não totalmente impossível, declarar que tinha uma vida sexual saudável. O pensamento sexista ensinado às mulheres desde o nascimento deixou claro que o domínio do desejo sexual e do prazer sexual era sempre e somente masculino, que apenas uma mulher de pouca ou nenhuma virtude diria ter necessidade sexual ou apetite sexual. Divididas pelo pensamento sexista entre o papel de madona e o de puta, as mulheres não tinham base para se construir sexualmente. Felizmente, o movimento feminista desafiou de imediato os estereótipos sexuais sexistas. Colaborou o fato de que esse desafio surgiu no momento em que, na história de nossa nação, o controle de natalidade confiável tornou-se acessível para todas.

Antes dos métodos contraceptivos confiáveis, a autoafirmação sexual das mulheres poderia sempre levar à "punição" que são uma gravidez indesejada e os perigos de um aborto ilegal. Não acumulamos relatos suficientes para que o mundo tome conhecimento das patologias sexuais e dos horrores que mulheres aguentaram antes da existência de métodos contraceptivos confiáveis. Tenho medo só de imaginar um

O FEMINISMO É PARA TODO MUNDO

mundo em que toda vez que uma mulher for sexual ela corra o risco de engravidar; de imaginar um mundo em que homens querem sexo e mulheres temem o sexo. Nesse mundo, uma mulher que tem desejos provavelmente encontrará a interseção entre seu desejo e seu medo. Não acumulamos relatos suficientes que contam o que mulheres faziam para afastar as iniciativas sexuais dos homens, como elas lidavam com os contínuos estupros maritais, como elas lidavam com o risco de morte quando lidavam com uma gravidez indesejada. Sabemos que o mundo da sexualidade da mulher mudou para sempre com o surgimento da revolução sexual feminista.

Para nós, que testemunhamos a dor e a amargura sexual da própria mãe, seu absoluto medo e ódio da sexualidade, participar de um movimento que nos prometia liberdade, prazer e alegria, quando estávamos justamente nos tornando mais sexuais, foi maravilhoso. Hoje em dia, as mulheres encaram tão poucos obstáculos inibidores da expressão de desejo sexual que nossa cultura arrisca enterrar a memória histórica de abuso patriarcal do corpo e da sexualidade das mulheres. Nesse lugar de esquecimento, os esforços para tornar o aborto ilegal podem focar no questionamento acerca de ser ou não um atentado à vida, sem jamais trazer à discussão os efeitos arrasadores que acabar com o aborto legal poderia trazer para a sexualidade da mulher. Ainda vivemos entre gerações de mulheres que jamais souberam o que é prazer sexual, mulheres para quem o sexo somente significou perda, ameaça, perigo, aniquilação.

A liberdade sexual da mulher exige controle de natalidade confiável e seguro. Sem isso, as mulheres não podem exercer total controle das consequências da atividade sexual.

Mas a liberdade sexual da mulher também exige o conhecimento do corpo, a compreensão do significado de integridade sexual. No início, a militância feminista voltada para a sexualidade estava tão focada somente nas políticas para garantir às mulheres o direito de ser sexual quando quiséssemos e com quem quiséssemos, que houve pouca educação feminista voltada para a conscientização crítica, ensinando-nos a respeitar nosso corpo de uma forma antissexista, ensinando-nos o que era o sexo libertador.

No fim dos anos 1960 e no início dos anos 1970, mulheres eram com frequência incentivadas a entender que liberdade sexual e promiscuidade sexual eram sinônimos. Naqueles dias, e até certo ponto ainda no presente, a maioria dos homens heterossexuais viu e vê uma mulher sexualmente livre como aquela que seria ou será sexual sem lhe causar muita confusão, ou seja, sem reivindicações, principalmente as de cunho emocional. E um grande número de feministas heterossexuais teve a mesma noção equivocada, porque elas estavam moldando seu comportamento de acordo com o modelo oferecido pelos homens patriarcais. No entanto, não demorou para as mulheres se darem conta de que promiscuidade sexual e libertação sexual não eram uma coisa só e nem eram coisas iguais.

Quando o movimento feminista "esquentou", as militantes radicais lésbicas constantemente exigiam que as mulheres hétero reconsiderassem os laços com homens, levantando a questão de ser ou não possível para mulheres ter uma experiência heterossexual livre dentro de um contexto patriarcal. Esse questionamento foi útil para o movimento. Não só forçou mulheres hétero a aderirem à atenção crítica em relação à prática heterossexual, como também destacou as lésbicas de

O FEMINISMO É PARA TODO MUNDO

maneira a expor positivamente sua força, enquanto também revelava sua fraqueza. Mulheres individuais que deixaram de ter relacionamentos com homens e passaram a se relacionar com mulheres, porque foram seduzidas pelo slogan popular "feminismo é teoria, lesbianidade é prática", logo descobriram que esses relacionamentos eram tão emocionalmente exigentes e tão cheios de dificuldades quanto qualquer outro.

O grau em que os relacionamentos lésbicos eram tão bons quanto ou melhores do que os laços heterossexuais era muitas vezes determinado não pelo fato de ambas as partes serem do mesmo sexo, mas pela extensão de seu comprometimento com a quebra de noções de romantismo e parceria, informadas por uma cultura de pressupostos sadomasoquistas da dominação, para os quais em todo relacionamento há uma pessoa dominadora e outra submissa. Promiscuidade sexual entre lésbicas já não podia mais ser comparada à libertação sexual quanto podia ser a promiscuidade em práticas heterossexuais. A despeito de sua orientação sexual, mulheres que sofreram emocionalmente comparando ambos sofreram desilusão com o sexo. E, dada a conexão entre dominação masculina e violência sexual, não é surpreendente que as mulheres que se envolveram com homens frequentemente sejam as que mais falam de sua infelicidade sexual.

A consequência dessa desilusão com o sonho de liberdade sexual foi que várias pensadoras feministas individuais desistiram de lidar ou com suas experiências, e/ou com o efeito negativo que uma amiga ou companheira encarou, nutrindo ressentimento em relação a toda atividade sexual, principalmente o contato sexual com homens. Lésbicas radicais, que já haviam sido vozes solitárias chamando por mulheres para se responsabilizarem por "dormir com o inimigo", agora

UMA POLÍTICA SEXUAL FEMINISTA

tinham a companhia de mulheres heterossexuais que escolhiam relacionamentos com pessoas do mesmo sexo, porque, no fim das contas, estavam frustradas com os homens. De repente, o discurso sobre a sexualidade, principalmente toda a discussão sobre a relação sexual que surgiu, fez parecer que todos os coitos eram coerção sexual, que qualquer penetração na mulher por um homem era estupro. Por um tempo, essas teorias e as mulheres individuais carismáticas que espalhavam a notícia tinham um grande impacto na consciência de jovens mulheres que estavam lutando para estabelecer identidades sexuais novas e diferentes. Várias dessas jovens acabavam escolhendo a prática bissexual ou o relacionamento com um homem que concordava que a parceira determinaria a natureza de toda a relação sexual. No entanto, multidões de jovens mulheres simplesmente se afastaram do pensamento feminista. E nesse afastamento encontraram o caminho de volta a noções sexistas de liberdade sexual que já estavam fora de moda, e aderiram a elas, algumas vezes com sentimento de vingança.

Não é surpreendente que as contradições e os conflitos que surgiam como consequência das tensões entre prazer sexual e perigo, liberdade sexual e servidão, promovessem o sedutor espaço para o sadomasoquismo sexual. Em última análise, os questionamentos feministas sobre sexualidade estavam todos ligados à questão do poder. Independentemente do quanto as pensadoras feministas falavam sobre igualdade, quando a questão era o desejo sexual e a ação sobre a paixão sexual, as dinâmicas de poder e submissão evocadas no cenário sexual desfizeram noções simplistas de opressor e oprimido. Nada desafiou mais as razões da crítica feminista à prática heterossexual do que a revelação de que

O FEMINISMO É PARA TODO MUNDO

lésbicas feministas aderiram ao sadomasoquismo sexual, um mundo de altos e baixos, em que as posições de poderoso e submisso eram consideradas aceitáveis.

Praticamente todas as discussões feministas radicais sobre sexualidade acabaram quando as mulheres dentro do movimento começaram a brigar em decorrência da questão acerca da possibilidade ou não de uma mulher ser livre, fosse ela lésbica ou heterossexual, e aderir à prática de sadomasoquismo sexual. Atreladas a essa questão estavam as diferenças de ponto de vista sobre o significado e a importância da pornografia patriarcal. Confrontadas por questões suficientemente poderosas para dividir e enfraquecer o movimento, ao fim dos anos 1980, a maioria dos diálogos de feministas radicais sobre sexualidade já não era público, acontecia no espaço privado. Falar sobre sexualidade publicamente arrasou o movimento.

Publicamente, as feministas que continuavam a falar mais sobre sexualidade tendiam a ser conservadoras, algumas vezes puritanas e antissexo. O movimento havia sido radicalmente alterado, de um espaço em que a libertação sexual feminina fosse anunciada e comemorada para um lugar em que discussões públicas sobre sexualidade focassem mais em violência sexual e vitimização. As feministas individuais convencionais mais velhas, que, em sua maioria, foram as grandes campeãs da liberdade sexual feminina, começaram a falar sobre prazer sexual como algo não importante, valorizando o celibato. Cada vez mais, mulheres que falam e escrevem abertamente sobre desejo e prática sexuais tendem a dispensar ou a se distanciar de políticas sexuais feministas. E, mais do que nunca, o movimento feminista é visto primordialmente como sendo antissexo. O discurso feminista

UMA POLÍTICA SEXUAL FEMINISTA

visionário sobre paixão sexual e prazer foi deixado de lado, ignorado por quase todo mundo. Em seu lugar, mulheres e homens continuam a contar com modelos patriarcais de liberdade sexual.

Apesar da revolução sexual e do movimento feministas, sabemos que muitas mulheres heterossexuais fazem sexo somente porque homens querem que elas façam, que jovens homossexuais, homens e mulheres, ainda não têm um ambiente de apoio público ou privado de afirmação da orientação sexual, que a iconografia sexista de uma madona ou de uma puta continua a afirmar a imaginação erótica de homens e mulheres, que a pornografia patriarcal agora permeia todos os aspectos da mídia de massa, que a gravidez indesejada está aumentando, que os adolescentes estão frequentemente fazendo sexo sem vontade e sem proteção, que em muitos casamentos e uniões de longa data, seja de mesmo sexo ou heterossexual, mulheres não estão fazendo sexo. Todos esses fatos chamam atenção para a necessidade de renovar o diálogo feminista sobre a sexualidade. Ainda precisamos descobrir as características de uma prática sexual libertadora.

O respeito fundamentalmente mútuo é essencial para a prática sexual libertadora, assim como a convicção de que prazer e satisfação sexuais são mais alcançados em circunstâncias de escolha e acordo consensual. Dentro de uma sociedade patriarcal, homens e mulheres não conseguirão conhecer o prazer heterossexual sustentável, a menos que ambas as partes abram mão de seu pensamento sexista. Várias mulheres e vários homens ainda consideram que a performance sexual masculina é determinada somente pelo fato de o pênis estar ou não ereto e a ereção ser mantida. Essa

O FEMINISMO É PARA TODO MUNDO

noção de performance masculina é amarrada ao pensamento sexista. Enquanto os homens devem se desapegar do pressuposto de que a sexualidade feminina existe para servir e satisfazer suas necessidades, várias mulheres também devem se desapegar da fixação na penetração.

No auge da libertação sexual e do movimento feminista contemporâneo, as mulheres descobriram que os homens muitas vezes estavam dispostos a aceitar a igualdade em todas as esferas, exceto na sexualidade. No quarto, vários homens queriam uma mulher sexualmente desejosa disposta a dar e a compartilhar prazer, mas fundamentalmente não renunciavam ao pressuposto sexista de que a performance sexual dela (ou seja, se ela queria ou não ser sexual) deveria ser determinada pelo desejo deles. Enquanto era divertido fazer sexo com mulheres desejosas, excitadas e libertadas, não era divertido quando essas mulheres declaravam que queriam espaço para serem não sexuais. Quando isso acontecia, homens heterossexuais com frequência deixavam claro que eles teriam que procurar em outro lugar seu conforto sexual, uma ação que reforçava a realidade de contínua fidelidade ao paradigma sexista de domínio sobre o corpo feminino, bem como de seu apego à noção de que qualquer corpo feminino promoveria satisfação. Em relacionamentos heterossexuais ou homossexuais, ambas as partes devem ser livres para determinar quando e com que frequência querem ser sexuais, sem medo de punição. Até que todos os homens parem de acreditar que alguém além deles mesmos deve responder às suas necessidades sexuais, a exigência por parceiras subordinadas continuará.

Uma política sexual feminista verdadeiramente libertadora sempre tornará central a afirmação da atividade

UMA POLÍTICA SEXUAL FEMINISTA

sexual feminina. Não é possível que essa atividade aconteça enquanto as mulheres acreditarem que o corpo sexual deve sempre estar a serviço de alguma outra coisa. Muitas vezes, profissionais do sexo e mulheres no dia a dia sustentam a troca livre de sua buceta por bens ou serviços como um indicativo de que são livres. Elas se recusam a reconhecer o fato de que quando uma mulher se prostitui porque não consegue satisfazer suas necessidades materiais de outra maneira, ela arrisca perder o espaço da integridade sexual em que controla seu corpo.

Multidões de mulheres heterossexuais ainda são incapazes de se desapegar do pressuposto sexista de que sua sexualidade deve sempre ser buscada por homens para que tenha sentido e valor. Para fazer isso, devem acreditar que relações sexuais com pessoas do mesmo sexo, autoprazer e celibato são tão vitais e melhoram tanto a vida quanto o sexo com homens dentro da cultura patriarcal. Mulheres mais velhas, várias das quais já defenderam mudanças feministas, frequentemente acham que devem concordar com noções sexistas de feminilidade e desejo sexual para terem qualquer contato sexual com homens que elas temem que irão trocá-las por mulheres mais jovens. Então, até certo ponto, pensadoras feministas radicais estavam certas quando, há anos, sugeriram que mulheres somente seriam verdadeiramente livres sexualmente quando chegássemos a um lugar no qual pudéssemos nos perceber protagonistas com valor, a despeito de sermos ou não objetos de desejo dos homens. Novamente, precisamos que a teoria feminista nos mostre como esse sentimento e essa identidade sexuais se expressam dentro do contexto de uma sociedade que permanece profundamente patriarcal.

O FEMINISMO É PARA TODO MUNDO

Apesar das limitações do discurso feminista sobre a sexualidade, políticas feministas ainda são o único caminho para a justiça social que ofereça uma visão de bem-estar mútuo como consequência de sua teoria e prática. Precisamos de uma erótica do ser fundamentada no princípio de que temos o direito de expressar desejo sexual à medida que nosso espírito nos move e de encontrar no prazer sexual um *ethos* de afirmação da vida. Conexões eróticas nos distanciam do isolamento e da alienação, inserindo-nos na comunidade. Em um mundo onde expressões positivas de desejo sexual nos conecta, todos seremos livres para escolher as práticas sexuais que afirmam e nutrem nosso crescimento. Essas práticas podem ir da escolha por promiscuidade ou celibato a ter identidade e orientação sexuais específicas, ou escolher um desejo desconhecido que é provocado somente pela interação e envolvimento com determinados indivíduos com quem sentimos a fagulha do reconhecimento erótico, independentemente de sexo, raça, classe ou até mesmo orientação sexual da pessoa. Os diálogos feministas radicais sobre sexualidade devem emergir para que o movimento direcionado à libertação sexual possa recomeçar.

16. Alegria completa: lesbianidade e feminismo

Algumas vezes é difícil saber quem veio primeiro, o movimento pela libertação das mulheres ou a libertação sexual – para algumas ativistas, eles aconteceram ao mesmo tempo, misturando-se um com o outro. Isso certamente foi verdade para várias mulheres bissexuais e lésbicas que fizeram parte da primeira vanguarda feminista contemporânea. Essas mulheres não foram levadas a aderir ao feminismo porque eram lésbicas. Multidões de lésbicas não eram ligadas à política, eram conservadoras e não tinham vontade de fazer qualquer coisa radical. As lésbicas e as bissexuais que ajudaram na vanguarda da libertação das mulheres foram levadas a aderir ao feminismo porque elas já estavam engajadas na política de esquerda, contra os limites estabelecidos de classe, raça e sexualidade. A libertação das mulheres já tinha sido uma questão reivindicada por elas psicologicamente, rebelando-se contra noções tradicionais de gênero e desejo.

Uma mulher não se torna feminista simplesmente por ser lésbica, da mesma forma que não se torna política por ser lésbica. Ser membro de um grupo explorado não torna ninguém mais inclinado a resistir. Se assim fosse, todas as mulheres (e isso inclui todas as lésbicas do planeta) teriam tido vontade

O FEMINISMO É PARA TODO MUNDO

de participar do movimento de mulheres. Experiência combinada com consciência e escolha são fatores que normalmente levam mulheres a aderir à política de esquerda. Tendo servido em várias posições subalternas, bem como nos bastidores do pensamento radical em círculos socialistas, nos movimentos por direitos civis e nos de militância negra, mulheres radicais individuais de vários estilos de vida estavam prontas para lutar por justiça; estavam prontas para o movimento feminista. E entre as mais prontas, as verdadeiramente visionárias e corajosas, estavam e ainda estão várias lésbicas.

Aderi ao feminismo antes de ter minha primeira experiência sexual. Eu era adolescente. Antes de conhecer qualquer coisa sobre direitos das mulheres, aprendi sobre homossexualidade. No mundo de mente fechada do fundamentalismo religioso do sul, do *apartheid* racial, em nossa comunidade negra pessoas gays eram conhecidas e, com frequência, tinham um status especial. Frequentemente, eram homens com poder de classe. A homossexualidade entre homens era mais aceitável que a lesbianidade. As lésbicas, em nossa pequena e segregada comunidade, eram normalmente casadas. Ainda assim, sabiam quem realmente eram. E elas deixavam seu verdadeiro eu ser conhecido entre quatro paredes, em casas noturnas e festas. Uma das mulheres acusadas de ser lésbica resolveu ser minha mentora – uma mulher profissional, leitora, pensadora, festeira, ela era uma mulher que eu admirava. Quando meu pai reclamou de nossa ligação com base no argumento de que ela era "engraçada", mamãe protestou, insistindo que "as pessoas têm direito de ser quem são". Quando o homem gay que morava do outro lado da rua foi cruelmente ridicularizado e provocado por garotos adolescentes, mamãe estava lá protestando, dizendo que ele era um homem responsável e cuidadoso e que deveríamos respeitá-lo e amá-lo.

Eu era defensora dos direitos das pessoas gays muito antes de conhecer a palavra feminismo. Minha família temia que eu fosse lésbica muito antes de temerem que eu jamais me casasse. E eu já estava no caminho certo para me tornar uma verdadeira estranha, porque sempre soube que escolheria ir aonde meu coração batesse mais forte, em toda e qualquer direção. Quando escrevi meu primeiro livro, *E eu não sou uma mulher? Mulheres negras e o feminismo*, eu já estava engajada no movimento feminista que incluía mulheres hétero, bissexuais e assumidamente gays. Éramos jovens. E naqueles dias algumas sofriam pressão para provar que realmente éramos radicalmente engajadas com o movimento, compartilhando nossa política e nosso corpo com mulheres. A lição que todo mundo aprendeu naqueles dias foi que práticas sexuais transgressoras não tornavam uma pessoa politicamente progressista. Quando meu primeiro livro foi lançado e fui atacada por lésbicas negras fiquei chocada. Fui acusada de ser homofóbica, porque não havia discussão sobre lesbianidade no meu livro. Essa ausência não foi um indicativo de homofobia. Eu não falei sobre sexualidade no livro; não estava pronta. Eu não sabia suficientemente. E se tivesse tido mais conhecimento, eu teria dito isso, para que ninguém fosse capaz de me rotular de homofóbica.

O que conhecer lésbicas poderosas e cuidadosas me ensinou quando eu era uma garota, uma lição que continua na minha vida, é que mulheres não precisam depender de homens para alcançar bem-estar e felicidade – nem mesmo satisfação sexual. Esse conhecimento abriu um mundo de possibilidade para as mulheres. Ele ofereceu escolha e opções. Jamais saberemos quantos milhões de mulheres permanecem em relacionamentos com homens sexistas dominadores simplesmente porque elas não conseguem imaginar uma vida em que possam ser felizes sem homens, estejam elas sexualmente e emocionalmente satisfeitas com os homens em sua vida ou não. Se qualquer mulher sentir que precisa de qualquer coisa além de si para legitimar e validar sua existência, ela já estará abrindo mão de seu poder de se autodefinir, de seu protagonismo. Lésbicas me inspiraram desde a infância a reivindicar o lugar de minha autodefinição.

Essa é a sabedoria especial que pensadoras lésbicas radicais trouxeram para o movimento feminista. Ainda que houvesse mulheres heterossexuais excepcionais que teoricamente compreendiam que uma mulher poderia se sentir fundamentalmente realizada sem a aprovação de homens, sem a afirmação erótica masculina, elas não trouxeram para o movimento a experiência viva dessa crença. No início do movimento feminista, usamos a expressão "mulher que se identifica com mulher" ou "mulher que se identifica com homem" para distinguir entre as ativistas que não escolheram a lesbianidade, mas que escolheram se identificar como mulher, o que significa que sua existência ontológica não dependia da afirmação masculina. Mulheres que se identificavam com homens eram aquelas que largariam os princípios feministas rapidamente, se eles interferissem com as questões românticas heterossexuais. Elas eram as mulheres que, além de tudo, apoiavam homens mais do que mulheres, que sempre conseguiam ver as coisas pela perspectiva masculina. Quando eu dava aula para uma das minhas primeiras turmas de Estudos de Mulheres, em São Francisco, fui confrontada por um grupo de estudantes lésbicas radicais que queria saber por que eu ainda "curtia" homens. Um dia, depois da aula, no estacionamento, aconteceu o confronto. Naquele momento, uma estudante lésbica negra mais velha, que havia trabalhado na indústria do sexo e teve várias relações sexuais com homens, mesmo não tendo dúvida quanto a sua identidade lésbica, defendeu minha honra feminista ao declarar: "Ela é uma mulher que se identifica como mulher, que curte sexo com homens. Isso é direito dela, mas ela ainda está engajada na causa."

Manter a lealdade com as políticas feministas era um tópico central nas discussões nos círculos feministas da metade da década de 1980, quando várias mulheres estavam deixando o movimento. Ainda que pensadoras lésbicas visionárias e/ou militantes tivessem moldado as dimensões radicais do movimento quando as mulheres alcançaram mais direitos, sua presença e suas ideias eram frequentemente esquecidas. Várias das lésbicas que eram mais radicais e corajosas no movimento tinham origem na classe trabalhadora. Por isso, não tinham as credenciais necessárias para subir nos círculos acadêmicos. A academização do feminismo reavivou as hierarquias heterossexistas em que as mulheres hétero com credenciais chiques eram frequentemente mais respeitadas, mesmo não tendo vivido qualquer envolvimento com o movimento de mulheres fora da academia.

Quando a questão era a diferença, a expansão da teoria e da prática feministas para incluir raça e classe, pensadoras lésbicas visionárias estavam entre as mulheres que mais queriam mudar de perspectiva. Em vários casos, isso decorre do fato de elas terem uma aprendizagem experiencial sobre o que significa ser explorada e/ou oprimida por não estar em conformidade com os padrões convencionais. Lésbicas visionárias eram de longe as que mais queriam assumir a tarefa de questionar a supremacia branca do que suas companheiras heterossexuais. E era mais provável que elas quisessem estreitar os laços com todos os homens. A maioria das mulheres hétero, feministas ativistas ou não, estava mais preocupada com seu relacionamento com homens.

Nossa liberdade como mulher para escolher quem amamos, com quem vamos dividir nosso corpo e vida, foi profundamente fortalecida pelas lutas das lésbicas radicais, tanto em nome dos direitos dos gays quanto dos direitos das mulheres. Dentro do movimento feminista passado e presente, as lésbicas sempre tiveram que desafiar e confrontar a homofobia, de forma bastante similar com que todas as mulheres não brancas, independentemente de preferência ou identidade sexual desafiaram e confrontaram o racismo. Mulheres que afirmam ser feministas ao mesmo tempo que perpetuam a homofobia são tão equivocadas e hipócritas quanto aquelas que querem sororidade enquanto ainda estão apegadas ao pensamento de supremacia branca.

A mídia de massa convencional sempre escolheu uma mulher heterossexual para representar o que o movimento feminista defende – quanto mais hétero melhor. Quanto mais glamorosa, mais sua imagem pode ser usada para agradar aos homens. Mulheres que se identificam com mulheres, sejam elas heterossexuais, bissexuais ou lésbicas, raramente fazem da aprovação do homem uma prioridade na vida. É por isso que ameaçamos o patriarcado. Lésbicas que têm uma mentalidade patriarcal são muito menos ameaçadoras para os homens do que mulheres feministas, gays ou hétero, que voltaram seu ponto de vista e seu desejo para a direção oposta ao patriarcado, longe de homens sexistas.

Hoje em dia, a maioria das lésbicas, assim como suas companheiras heterossexuais, não está engajada em políticas radicais. Pensadoras lésbicas individuais ativistas do movimento feminista muitas vezes acharam difícil encarar a realidade de que as lésbicas poderiam ser tão sexistas quanto as mulheres hétero. A noção utópica de que o feminismo seria a teoria e a lesbianidade, a prática era continuamente distorcida pela realidade de que a maioria das lésbicas vivendo em uma cultura patriarcal capitalista de supremacia branca construía relacionamentos usando os mesmos paradigmas de dominação e submissão que suas companheiras heterossexuais. E essa construção de laços mutuamente satisfatórios em que ninguém corria o risco de ser subordinada era tão difícil de alcançar em relacionamentos lésbicos quanto nos heterossexuais. A revelação de que a violência doméstica acontecia em uniões lésbicas foi a primeira dica de que a igualdade entre as mulheres não era inerente aos laços entre pessoas do mesmo sexo. Ao mesmo tempo, lésbicas feministas estavam muito mais dispostas a conversar abertamente sobre sua participação em relações sexuais sadomasoquistas do que suas companheiras heterossexuais.

Feministas sexualmente conservadoras, gays e hétero, achavam e ainda acham rituais de dominação e subordinação sexual consensual inapropriados e enxergam isso como traição aos ideais feministas de liberdade. O julgamento absoluto delas, a recusa em respeitar os direitos de todas as mulheres de escolher a prática sexual que acharem mais satisfatória é, na verdade, a postura que mais enfraquece o

O FEMINISMO É PARA TODO MUNDO

movimento feminista. Há várias mulheres que jamais entenderão o que duas mulheres fazem juntas quando fazem sexo, que jamais desejarão sexualmente outra mulher, mas que sempre apoiarão o direito das mulheres de escolher, de ser lésbica ou bissexual. Esse mesmo apoio pode ser dado a lésbicas e a mulheres heterossexuais que se envolvem em relações sexuais que jamais agradariam à maioria das mulheres ou à maioria das pessoas. A homofobia estava implícita na crítica feminista conservadora ao sadomasoquismo lésbico. Quando qualquer mulher age como se lésbicas tivessem sempre que seguir padrões morais rígidos, ela está perpetuando a homofobia. Certamente, quando mais mulheres hétero discutiram abertamente o envolvimento em relações sexuais sadomasoquistas, a crítica feminista não foi tão dura e inexorável quanto foi quando isso era visto como uma coisa primordialmente lésbica.

Desafiar a homofobia sempre será uma das dimensões do movimento feminista. Porque não há como haver sororidade sustentável entre as mulheres enquanto lésbicas forem desrespeitadas por mulheres heterossexuais e subordinadas a elas. No movimento feminista visionário, o trabalho das militantes lésbicas é totalmente reconhecido. Sem as ideias das lésbicas radicais, a teoria e a prática feministas jamais teriam se atrevido a ir contra os limites impostos pelo heterossexismo para criar espaços em que mulheres, todas as mulheres, independentemente de identidade e/ou orientação sexual, poderiam e possam ser tão livres quanto queiram ser. Esse legado deveria ser continuamente reconhecido e valorizado.

17. Amar novamente:
o coração do feminismo

Se mulheres e homens querem conhecer o amor, precisamos aspirar ao feminismo. Porque sem o pensamento e a prática feministas não temos a base necessária para criar laços de amor. No início, profundas frustrações com relacionamentos heterossexuais levaram várias mulheres a aderir individualmente à libertação da mulher. Várias dessas mulheres se sentiram traídas pela promessa de amor e de felicidade para sempre quando elas se casaram com homens que rapidamente se transformaram de príncipes charmosos a senhores feudais patriarcais. Essas mulheres heterossexuais trouxeram para o movimento sua amargura e raiva. Elas juntaram seu coração partido com o de mulheres lésbicas que também se sentiram traídas em laços românticos fundamentados em valores patriarcais. Consequentemente, quando a questão era o amor, o ideal feminista no início do movimento era de que a liberdade da mulher existiria somente se as mulheres se desapegassem do amor romântico.

Nosso anseio por amor, conforme fomos ensinadas nos grupos de conscientização, era uma armadilha sedutora para nos manter apaixonadas por amantes patriarcais, homens ou mulheres, que usavam aquele amor para nos dominar e subordinar. Ao aderir ao movimento feminista antes de ter minha primeira experiência sexual com um homem, fiquei chocada com o ódio e a raiva intensos que as mulheres expressavam em relação aos homens. Ainda assim, compreendi o fundamento da raiva. Minha própria conversão ao pensamento feminista quando eu era adolescente foi uma reação direta à dominação de meu pai sobre todas as pessoas em nossa casa. Um homem militar, atleta, diácono da igreja, o provedor, mulherengo, ele era a personificação das normas patriarcais. Testemunhei a dor de minha mãe, e me rebelei. Mamãe jamais expressou raiva ou ira em relação à injustiça de gênero, não importava quão extrema era a humilhação que meu pai a fazia passar nem sua violência.

Quando fui para meus primeiros grupos de conscientização e ouvi mulheres da idade da minha mãe expressar dor, mágoa e raiva, a insistência delas de que as mulheres deveriam se afastar do amor fez sentido para mim. Mas eu ainda queria o amor de um homem bom, e ainda acreditava que podia encontrar esse amor. No entanto, eu estava completamente certa de que primeiro o homem deveria estar comprometido com as políticas feministas. No início dos anos 1970, as mulheres que queriam ficar com homens encaravam o desafio de converter os homens ao pensamento feminista. Se eles não fossem feministas, sabíamos que não haveria felicidade duradoura.

O amor romântico, da forma como a maioria das pessoas o compreende na cultura patriarcal, faz uma pessoa ficar inconsciente, torna-a fraca e descontrolada. Pensadoras feministas chamaram atenção para a maneira como essa noção do amor serviu aos interesses de homens e mulheres patriarcais. Sustentava a noção de que uma pessoa pode fazer

AMAR NOVAMENTE

qualquer coisa em nome do amor: bater em pessoas, restringir movimentos e até mesmo matá-las e chamar de "crime passional", alegar "eu a amava tanto que precisei matá-la". O amor em culturas patriarcais estava ligado a noções de paixão, a paradigmas de dominação e submissão, em que o pressuposto era de que uma pessoa daria amor e a outra o receberia. Dentro do patriarcado, laços heterossexuais eram formados baseados na ideia de que as mulheres, por serem do gênero em contato com sentimentos de cuidado, dariam amor aos homens, e como recompensa, os homens, por estarem em contato com poder e agressão, seriam provedores e protetores. Ainda assim, em vários casos de famílias heterossexuais, os homens não retribuíam o cuidado; em vez disso, eram tiranos que usavam o poder injustamente para coagir e controlar. Desde o início, mulheres heterossexuais aderiram ao movimento de libertação de mulheres para curar o coração partido – para romper os laços de amor.

Significativamente, elas também destacaram a importância de não viver para as crianças de alguém. Isso também era apresentado como outra armadilha que o amor preparava para impedir que as mulheres alcançassem total autorrealização. Lá atrás, o feminismo já nos alertou que a mãe que tentasse viver vicariamente e sobreviver às crianças era uma monstra dominadora, invasiva, capaz de distribuir castigos cruéis e injustos. Aquelas que chegaram jovens às políticas feministas estavam muitas vezes se rebelando contra mães dominadoras. Com frequência nos rebelávamos contra mães dominadoras. Não queríamos nos tornar elas. Queríamos que nossa vida fosse tão diferente da vida delas quanto possível. Uma forma de assegurar que seríamos diferentes era simplesmente não ter crianças.

No início, a crítica feminista ao amor não era suficientemente complexa. Em vez de especificamente desafiar os equivocados pressupostos patriarcais de amor, ela apenas apresentou o amor como um problema. Queríamos dar cabo do amor e colocar no lugar dele a preocupação em alcançar direitos e poder. Na ocasião, ninguém falava da realidade de que mulheres arriscariam endurecer o coração e acabar sendo tão fechadas emocionalmente quanto os homens patriarcais ou as mulheres machonas que rejeitávamos em nome da rebelião feminista. E, na maior parte dos casos, foi exatamente isso o que aconteceu. Em vez de repensar o amor e insistir em sua importância e valor, o discurso feminista sobre o amor simplesmente cessou. Mulheres que queriam amor, principalmente amor com homens, precisaram buscar outros parceiros para compreender como poderiam encontrar o amor. Várias dessas mulheres se afastaram das políticas feministas porque sentiam que elas negavam a importância do amor, das relações familiares, da vida em comunidade com outros.

Pensadoras feministas visionárias também não tinham certeza de o que dizer para as mulheres sobre o amor. Em *Teoria feminista: da margem ao centro*, eu escrevi sobre a necessidade de líderes feministas trazerem o espírito de amor à militância feminista: "Elas deveriam ter a habilidade de demonstrar amor e compaixão, mostrar esse amor através de ações e ser capazes de se engajar em diálogos bem-sucedidos." Enquanto eu compartilhava minha crença de que "o amor age para transformar a dominação", naquele momento eu não escrevi a fundo sobre a importância de criar uma teoria feminista que oferecesse a todo mundo uma visão libertadora de amor.

AMAR NOVAMENTE

Olhando em retrospecto, é evidente que ao não criarmos um discurso feminista positivo sobre o amor, principalmente em relação à heterossexualidade, permitimos que mídia de massa patriarcal represente o movimento inteiro como uma política fundamentada em ódio, em vez de em amor. Várias mulheres que queriam se relacionar com homens sentiram que não poderiam nutrir esses laços e ser comprometidas com o movimento feminista. Na realidade, deveríamos ter espalhado a notícia de que o feminismo permitiria que as mulheres e os homens conhecessem o amor. Hoje sabemos disso.

O feminismo visionário é uma política sábia e amorosa. A alma da nossa política é o comprometimento com o fim da dominação. O amor jamais poderá se enraizar em uma relação fundamentada em dominação e coerção. A crítica radical feminista às noções patriarcais de amor não era equivocada. No entanto, mulheres e homens precisavam de mais do que uma crítica sobre o que fizemos de errado em nossa jornada para o amor; precisávamos de um ponto de vista feminista alternativo. Enquanto muitas de nós descobríamos o amor na vida privada, um amor fundamentado na prática feminista, não estávamos criando um diálogo feminista amplo sobre o amor, tal que fosse o foco contrário às facções que eram antiamor dentro do feminismo.

O centro de nosso ponto de vista alternativo ainda é uma verdade fundamental e necessária: não há amor onde há dominação. O pensamento e a prática feministas enfatizam o valor do crescimento mútuo e da autorrealização em relacionamentos íntimos e na parentalidade. Essa visão de relacionamentos em que as necessidades de todo mundo são respeitadas, em que todo mundo tem direitos, em que

O FEMINISMO É PARA TODO MUNDO

ninguém precisa temer a subordinação ou o abuso, vai em sentido contrário a tudo o que o patriarcado defende sobre a estrutura de relacionamentos. A maioria de nós já vivenciou ou vai vivenciar a dominação masculina na vida íntima privada em relação a um cuidador que exerça paternagem, ao pai, a irmãos ou, no caso de mulheres heterossexuais, em relacionamentos românticos. Na realidade, o bem-estar emocional de mulheres e de homens seria maior se ambas as partes aderissem ao pensamento e à prática feministas. Políticas genuinamente feministas sempre nos transportam da servidão à liberdade, da falta de amor ao amor. A mutualidade é a base para o amor. E a prática feminista é o único movimento por justiça social em nossa sociedade que cria condições para que a mutualidade seja nutrida.

Quando aceitarmos que o verdadeiro amor é fundamentado em reconhecimento e aceitação, que o amor combina com cuidado, responsabilidade, comprometimento e conhecimento, entenderemos que não pode haver amor sem justiça. Com essa consciência, vem a compreensão de que o amor tem o poder de nos transformar e nos dar força para que possamos nos opor à dominação. Escolher políticas feministas é, portanto, escolher amar.

18. Espiritualidade feminista

O feminismo foi e continua sendo um movimento de resistência que valoriza a prática espiritual. Antes de ter a teoria e a prática feministas para me fazer mergulhar na consciência da necessidade de autoamor e de autoaceitação como fundamentais para a autorrealização, eu seguia um caminho espiritual que tinha a mesma mensagem. Apesar do sexismo das religiões dominadas pelos homens, as mulheres encontraram em práticas espirituais um lugar de consolo e um santuário. Ao longo da história da igreja na vida ocidental, mulheres se voltaram para tradições monásticas para encontrar um lugar delas, onde pudessem estar com deus, sem a intervenção do homem, onde elas pudessem servir ao divino sem a dominação do homem. Com uma percepção espiritual aguçada e clareza divina, Juliana de Norwich escreveu bem antes do advento do feminismo contemporâneo: "Nossa salvadora é a nossa verdadeira Mãe, em quem eternamente nascemos e de quem jamais sairemos." Atrevendo-se a contrariar a noção de nossa salvação vir sempre e somente de um homem, Juliana de Norwich planejou um caminho de retorno ao sagrado feminino, para ajudar a libertar as mulheres da servidão à religião patriarcal.

Em seu início, o movimento feminista lançou uma crítica à religião patriarcal que teve profundo impacto, mudando a natureza da adoração religiosa em toda a nação. Ao expor a maneira como o dualismo metafísico ocidental (o pressuposto de que o mundo sempre pode ser compreendido por categorias binárias, que há um inferior e um superior, um bem e um mal) era a fundamentação ideológica de todas as formas de opressão de grupos, sexismo, racismo etc., e que tal pensamento formou a base de sistemas de crenças judaico-cristãs. Para mudar nossa forma de cultuar, era necessário repensar a espiritualidade. Críticas feministas de uma religião patriarcal coincidiam com uma mudança total da cultura para uma espiritualidade da nova era. Dentro de círculos dessa espiritualidade da nova era, praticantes se afastaram do pensamento cristão fundamentalista que por séculos dominou a psique ocidental e foram em direção ao Oriente para encontrar respostas, para descobrir diferentes tradições espirituais. A espiritualidade da criação substituiu a espiritualidade patriarcal enraizada em noções de queda e redenção. No hinduísmo, budismo, vodu e diversas tradições espirituais, mulheres encontraram imagens de divindades femininas que permitiram um retorno à visão de espiritualidade centrada em uma deusa.

No início do movimento feminista, surgiram conflitos em resposta às ativistas individuais que pensavam que o movimento deveria se ater à política e não se posicionar quanto à religião. Um grande número de mulheres que aderiram ao feminismo radical vindas de políticas socialistas tradicionais eram ateias. Elas viram os esforços para retornar a uma visão da feminilidade sagrada como apolítica e sentimental. Essa divisão dentro do movimento não durou muito, uma vez que várias mulheres começaram a enxergar a conexão entre desafiar a religião patriarcal e a espiritualidade libertadora.

ESPIRITUALIDADE FEMINISTA

A maioria dos cidadãos nos Estados Unidos identificavam-se como cristãos. Mais do que outras religiões, a doutrina cristã, que tolera o sexismo e a dominação masculina, inspira as formas como aprendemos tudo sobre os papéis dos gêneros nesta sociedade. Não é possível haver uma verdadeira transformação feminista em nossa cultura sem a transformação das crenças religiosas.

O despertar espiritual cristão fundamentado na criação conectou-se com o movimento feminista. Em *Original Blessing*,* Matthew Fox explica:

> Religiões patriarcais e paradigmas patriarcais para religiões comandaram as civilizações no mundo por pelo menos 3.500 anos. A tradição fundamentada na criação é feminista. Sabedoria e Eros falam mais do que conhecimento ou controle em tal espiritualidade.

Referindo-se à questão das tensões entre feministas que estão preocupadas com natureza/ecologia e as que se preocupam com a luta por direitos civis, demonstra que isso é um dualismo desnecessário:

> Movimentos políticos por justiça são parte do desenvolvimento maior do cosmos, e a natureza é a matriz em que seres humanos adquirem autoconsciência e consciência de seu poder de transformar. Os movimentos de libertação são um desenvolvimento maior do senso de harmonia, equilíbrio, justiça e celebração do cosmos. Por isso, a verdadeira

---

* A primeira edição de *Original Blessing* [Bênção original] foi publicada pela Bear & Company, Inc., em 1983. Em 2018, durante a produção deste livro, ainda era inédito no Brasil. (*N. da T.*)

O FEMINISMO É PARA TODO MUNDO

> libertação espiritual exige rituais de celebração e cura cósmica que, por sua vez, culminará em transformação pessoal e libertação.

Teologias da libertação veem a libertação de grupos de explorados e oprimidos como atos essenciais de fé, refletindo devoção à vontade divina. Lutas pelo fim do patriarcado são ordenadas divinamente.

A religião patriarcal fundamentalista foi e ainda é uma barreira impedindo que o pensamento e a prática feministas se espalhem. De fato, nenhum grupo demonizou mais as feministas do que os fundamentalistas religiosos de direita, que pediram e toleraram o assassinato de pensadoras feministas, principalmente aquelas que apoiavam os direitos reprodutivos das mulheres. Inicialmente, críticas feministas ao cristianismo afastaram uma multidão de mulheres do movimento. Quando feministas cristãs começaram a apresentar novas, ainda que cristãs, críticas fundamentadas na criação e em interpretações da Bíblia, as mulheres foram capazes de reconciliar sua política feminista e o compromisso com a prática cristã. No entanto, essas ativistas ainda precisam organizar completamente um movimento que aborde as multidões de fiéis cristãos, convertendo-os ao entendimento de que não é necessário existir conflito entre feminismo e espiritualidade cristã. O mesmo se aplica às feministas judias, budistas, muçulmanas etc. Até que isso aconteça, religiões patriarcais organizadas sempre destruirão as conquistas feministas.

Inicialmente, o feminismo contemporâneo deu ênfase aos direitos civis e conquistas materiais sem dar atenção suficiente à espiritualidade. A mídia de massa convencional

ESPIRITUALIDADE FEMINISTA

chamou atenção para as críticas feministas à religião, mas não demonstrou interesse em destacar o despertar espiritual que ocorreu entre diversos grupos de mulheres feministas. Uma multidão de pessoas ainda pensa que o feminismo é antirreligião. Na realidade, o feminismo ajudou a transformar os pensamentos religiosos patriarcais de maneira que mais mulheres possam encontrar uma conexão com o sagrado e se comprometer com a vida espiritual.

Com frequência, a prática espiritual feminista encontrou seu reconhecimento e aceitação em contextos terapêuticos em que mulheres procuravam se curar das feridas provocadas por abusos patriarcais, vários dos quais aconteceram dentro da família de origem ou em relacionamentos. E foi no contexto de terapia feminista que várias mulheres encontraram afirmação para a busca espiritual. Como a natureza dessa busca da alma é particular, o público, com frequência, não tem informação sobre até que ponto as ativistas feministas hoje reconhecem totalmente a importância de atender às necessidades do espírito – da vida espiritual. Em movimentos feministas futuros, precisaremos de estratégias melhores para compartilhar informações sobre espiritualidade feminista.

Escolher caminhos espirituais alternativos ajudou várias mulheres a sustentar o comprometimento com a vida espiritual, até mesmo quando continuam a desafiar e a questionar religiões patriarcais. Intervenções feministas provocaram mudanças na igreja ou no templo patriarcal institucionalizado. Mas em tempos mais recentes, a igreja começou a abandonar os passos dados na direção da equidade de gênero. O aumento do fundamentalismo religioso ameaça a espiritualidade progressiva. O fundamentalismo não só incentiva as pessoas a acreditar que a iniquidade é "natural" como também perpetua a noção de que o controle do corpo feminino é necessário. Daí o ataque aos direitos reprodutivos. Ao mesmo tempo, o fundamentalismo impõe em mulheres e homens noções repressoras de sexualidade, que validam a coerção sexual de várias formas diferentes. Ainda há, claramente, a necessidade de ativistas feministas destacarem a religião organizada, engajarem-se em críticas e resistência existentes.

Enquanto hoje existem em abundância maravilhosas tradições espirituais que afirmam o feminismo, há uma multidão de pessoas sem acesso ao conhecimento dessas práticas. Elas frequentemente sentem que a religião patriarcal é o único lugar em que qualquer pessoa cuida de seu bem-estar espiritual. As religiões patriarcais foram bem-sucedidas no uso da mídia de massa, particularmente a televisão, para espalhar essa mensagem. Caminhos espirituais alternativos devem fazer o mesmo, se quisermos nos opor à noção de que a religião patriarcal é o único caminho. A espiritualidade feminista criou um espaço para todo mundo questionar antiquados sistemas de crenças e criar novos caminhos. Representar deus de diversas maneiras, restaurar nosso respeito pelo sagrado feminino tem nos ajudado a encontrar maneiras de afirmar e/ou reafirmar a importância da vida espiritual. Identificar a libertação de qualquer forma de dominação e opressão como uma tarefa essencialmente espiritual nos leva de volta a uma espiritualidade que une a prática espiritual com nossas lutas por justiça e libertação. Uma visão feminista de realização espiritual é naturalmente a fundação de uma vida espiritual autêntica.

19. Feminismo visionário

Para sermos verdadeiramente visionários, devemos fundamentar nossa imaginação na realidade concreta, enquanto simultaneamente imaginamos possibilidades além da realidade. A força primordial do feminismo contemporâneo tem sido a maneira como mudou de formato e direcionamento. Movimentos pela justiça social que se apegam a formas ultrapassadas de pensamento e de ação tendem a falhar. As raízes do feminismo visionário se estendem desde o início dos anos 1960. Bem no começo do movimento de libertação da mulher, pensadoras visionárias estavam presentes, sonhando com um movimento político radical/revolucionário que iria, em seu estágio reformista, garantir às mulheres direitos civis dentro do já existente sistema patriarcal capitalista de supremacia branca, simultaneamente trabalhando para enfraquecer e derrubar o sistema. O sonho era substituir aquela cultura de dominação por um mundo de economia participativa fundamentada em comunalismo e democracia social, um mundo sem discriminação baseada em raça ou gênero, um mundo onde o reconhecimento da mutualidade e da interdependência seria o *ethos* dominante, uma visão ecológica global de como o planeta pode sobreviver e como todo mundo nele pode ter acesso à paz e ao bem-estar.

O ponto de vista feminista radical/revolucionário ficava mais claro e mais complexo à medida que o movimento progredia. No entanto, muitas vezes se tornou obscuro, consequência do absolutismo de feministas reformistas que realmente se sentiam mais seguras trabalhando por mudanças somente dentro da ordem social existente. Enquanto algumas militantes feministas reformistas estavam muito dispostas a mudar o cenário de discriminação econômica baseada em gênero, de forma que pudessem ter igualdade em relação aos homens de classes privilegiadas, outras simplesmente acreditavam que o movimento promoveria mais mudanças concretas na vida de mulheres se a energia estivesse focada em reformas. No entanto, renunciar à essência radical da luta feminista acabou por tornar o movimento mais vulnerável à cooptação pelo patriarcado capitalista convencional.

Seduzidas pelo poder de classe e/ou por maior mobilidade de classe, uma vez que avançaram na ordem social existente, menos mulheres se mostraram interessadas em trabalhar para desmontar o sistema. Por um lado, enquanto pensadoras feministas individuais, como Carol Gilligan e outras, avisam-nos repetidas vezes que mulheres são mais cuidadosas, mais éticas, os fatos relacionados a como as mulheres se conduzem em relação a mulheres com menos poder sugere o contrário. A ética do cuidado que as mulheres demonstram em grupos étnicos ou raciais com os quais se identificam não se estende àqueles com os quais não sentem empatia ou não se identificam nem se solidarizam. Mulheres privilegiadas (a maioria, mas não todas, brancas) rapidamente investiram em uma subordinação sustentável de mulheres da classe trabalhadora e pobres.

FEMINISMO VISIONÁRIO

Um objetivo fundamental do feminismo visionário era criar estratégias para mudar o destino de todas as mulheres e aumentar o poder individual. Para que isso fosse feito, no entanto, o movimento precisava ir muito além da pauta de direitos iguais e começar com questões básicas como campanhas pela alfabetização que atingiriam todas as mulheres, mas principalmente mulheres de grupos mais pobres. Não existe uma escola feminista nem uma faculdade feminista. E não houve qualquer esforço sustentável para criar essas instituições. Mulheres brancas escolarizadas, na posição de principais beneficiadas por programas de ações afirmativas para emprego e carreira, receberam benefícios nas estruturas existentes e, com frequência, não se sentiam motivadas a trabalhar para criar instituições baseadas nos princípios feministas. Essas instituições jamais poderiam pagar salários altos. Mas nem mesmo militantes feministas independentes e ricas usaram seu dinheiro para financiar programas de educação com a proposta de iniciar um trabalho com mulheres e garotas em desvantagem, quando a questão eram habilidades básicas.

Ainda que pensadoras feministas visionárias tenham compreendido nossa necessidade de um movimento feminista de ampla base, tal que aborde as necessidades de garotas e garotos, mulheres e homens, de todas as classes, até o momento não produzimos um *corpus* de teoria feminista visionária em uma linguagem acessível nem compartilhamos isso por comunicação oral. Hoje, em círculos acadêmicos, grande parte das muito celebradas teorias feministas são escritas em um jargão sofisticado que somente as pessoas com alto nível de educação conseguem ler. A maioria das pessoas em nossa sociedade não tem uma compreensão básica sobre o

O FEMINISMO É PARA TODO MUNDO

feminismo; não pode adquirir esse conhecimento através de uma grande quantidade e diversidade de material, como cartilhas de nível escolar, e outros, porque eles não existem. Precisamos criá-los, se quisermos reconstruir um movimento feminista que seja verdadeiramente para todo mundo.

Os defensores do feminismo não organizaram meios de garantir que tenhamos canais de televisão ou que constantemente tenhamos espaço em canais existentes. Não existe um noticiário feminista em nenhum programa de televisão ou de rádio. Uma das dificuldades que tivemos para espalhar a notícia sobre feminismo foi que qualquer coisa que tivesse a ver com o gênero feminino era visto como cobertura feminista, mesmo que a perspectiva não fosse feminista. Temos programas de rádio e alguns programas de televisão que destacam questões de gênero, mas isso não é o mesmo que dar destaque para o feminismo. Ironicamente, uma das conquistas do feminismo contemporâneo é que todo mundo está mais aberto para discutir gênero e as preocupações das mulheres, mas, de novo, não necessariamente por uma perspectiva feminista. Por exemplo, o movimento feminista criou a revolução cultural que tornou possível para a nossa sociedade encarar o problema da violência masculina contra mulheres e crianças.

Ainda que a violência doméstica esteja abundantemente representada na mídia de massa e que em todas as frentes haja discussões, o público raramente conecta o fim da violência masculina ao fim da dominação masculina e à erradicação do patriarcado. A maioria dos cidadãos desta nação ainda não compreende a conexão entre dominação masculina e violência masculina em casa. E essa dificuldade de entendimento é ainda ressaltada quando nossa nação é

FEMINISMO VISIONÁRIO

cobrada a responder por assassinatos violentos de familiares, amigos e colegas de escola por garotos de todas as classes. Na mídia de massa, todo mundo levanta a questão acerca do porquê de essa violência estar acontecendo, sem conectá-la ao pensamento patriarcal.

É necessária educação feminista de base para uma consciência crítica. Infelizmente, o elitismo moldou o pensamento feminista. A maioria das pensadoras/teóricas feministas desenvolve trabalhos no contexto elitizado da universidade. A maioria não escreve livros infantis, não ensina em escolas fundamentais ou de ensino médio nem sustenta uma influência poderosa que tenha impacto construtivo no que é ensinado em escolas públicas. Comecei a escrever livros para crianças exatamente porque eu queria fazer parte de um movimento feminista e tornar o pensamento feminista acessível para todo mundo. Audiolivros ajudam a estender a mensagem a indivíduos de todas as idades que não sabem ler ou escrever.

Um esforço coletivo de porta em porta para espalhar a mensagem do feminismo é necessário para que o movimento se renove, para recomeçar com a premissa básica de que as políticas feministas são necessariamente radicais. E como o que é radical, com frequência, fica encoberto e escondido, precisamos fazer tudo o que for possível para trazer o feminismo à tona e espalhar esse conhecimento. Porque o feminismo é um movimento para acabar com sexismo, dominação e opressão sexistas, é uma luta que inclui esforços para acabar com a discriminação de gênero e para criar igualdade, é um movimento fundamentalmente radical.

Confusões acerca desse radicalismo inerente surgiram quando ativistas feministas desistiram de desafiar o sexismo

161

O FEMINISMO É PARA TODO MUNDO

em todas as suas formas de manifestação e focaram somente em reformas. A expansão da noção de que pode haver vários "feminismos" serviu aos interesses políticos, conservadores e liberais, de mulheres à procura de status e poder de classe, que estavam no primeiro grupo que usou o termo "feministas de poder". Também era o grupo que começou a sugerir que uma mulher poderia ser feminista e ser contra o aborto. Essa é outra noção equivocada. Garantir às mulheres o direito civil de ter controle sobre o corpo é um princípio feminista básico. Se uma mulher individual deve ou não fazer aborto é uma questão puramente de escolha. Não é antifeminista escolher não fazer aborto. Mas é um princípio feminista que as mulheres devem ter o direito de escolher.

Relações parasitas de classe e a ganância por riqueza e poder levaram mulheres a traírem os interesses de mulheres da classe trabalhadora e pobres. Mulheres que já aderiram ao pensamento feminista hoje apoiam políticas públicas que são contra o *welfare*, o bem-estar social. Elas não percebem a contradição dessa postura. Elas simplesmente nomeiam seu "tipo" de feminismo como querem. A representação do feminismo como estilo de vida ou mercadoria automaticamente apaga a importância das políticas feministas. Hoje, várias mulheres querem direitos civis sem feminismo. Querem que o sistema do patriarcado permaneça intacto na esfera privada, mesmo quando desejam igualdade na esfera pública. Mas pensadoras feministas visionárias compreenderam desde o nascimento do movimento que o conluio com o patriarcado, até mesmo o apoio patriarcal de alguns aspectos do movimento feminista – por exemplo, a necessidade de a mulher trabalhar –, deixará as mulheres vulneráveis. Percebemos que os direitos adquiridos sem mudanças fundamentais nos

FEMINISMO VISIONÁRIO

sistemas que governam nossa vida poderiam facilmente ser tirados. E já vemos isso acontecer no cenário dos direitos reprodutivos, principalmente o aborto. Conceder direitos civis dentro do patriarcado já se mostrou perigoso, porque levou mulheres a pensar que estamos em uma situação melhor do que a que realmente estamos, que as estruturas da dominação estão mudando. Na verdade, essas estruturas são reincorporadas à medida que várias mulheres se afastam do feminismo.

A reação antifeminista extrema também enfraqueceu o movimento feminista. Uma parte significativa dessa reação é o ataque e a destruição do feminismo por mulheres conservadoras e oportunistas. Por exemplo, um livro recentemente publicado, *What Our Mothers Did Not Tell Us: Why Happiness Eludes the Modern Woman,** de Danielle Crittendon, diz às mulheres que deveríamos todas ficar em casa e exercer a maternagem para produzir crianças saudáveis, que deveríamos reconhecer diferenças básicas entre a psique masculina e a feminina e que, acima de tudo, o feminismo é o culpado. Pessoas críticas do feminismo culpam o movimento por toda a insatisfação que a mulher moderna encara. Nunca falam sobre o patriarcado, a dominação masculina, o racismo ou a exploração de classe. Enquanto livros antifeministas tendem a ser escritos em linguagem acessível, atraindo um maior número de leitores, não existe um *corpus* de teoria feminista popular que sirva como contraponto às suas mensagens.

---

* *What Our Mothers Did Not Tell Us: Why Happiness Eludes the Modern Woman* [O que as mães não nos contam: por que a felicidade ilude a mulher moderna] foi originalmente publicado pela Simon & Schuster Paperbacks, em 1999. Em 2018, durante a produção deste livro, ainda era inédito no Brasil. (*N. da T.*)

O FEMINISMO É PARA TODO MUNDO

Quando converso com feministas radicais, principalmente aquelas que estão hoje na meia-idade, entre 35 e 65 anos, escuto testemunhos maravilhosos sobre o impacto construtivo do feminismo. É essencial documentar esse trabalho para que ele seja um testemunho em oposição ao pressuposto popular de que tudo o que o feminismo fez foi tornar mais difícil a vida das mulheres. De fato, ter pensamento e práticas feministas e permanecer dentro de um sistema patriarcal de pensamento e ação que basicamente não mudou fez a vida ficar muito mais complicada para as mulheres.

Feministas visionárias sempre compreenderam a necessidade de converter os homens. Sabemos que todas as mulheres do mundo poderiam se tornar feministas, mas, se os homens permanecerem sexistas, nossa vida ainda será desvalorizada. A guerra dos gêneros ainda seria uma norma. As ativistas feministas que se recusam a aceitar homens como companheiros de luta – que nutrem medos irracionais de que se homens se beneficiarem de qualquer maneira de políticas feministas, as mulheres perdem – erraram ao fazer o público olhar para o feminismo com suspeita e desdém. E houve um momento em que mulheres que odiavam homens preferiam ver o feminismo não progredir a confrontar as questões que elas tinham com os homens. É urgente que homens levantem a bandeira do feminismo e desafiem o patriarcado. A segurança e a continuidade da vida no planeta exigem a conversão feminista dos homens.

O movimento feminista avança sempre que qualquer homem ou mulher, de qualquer idade, trabalha pelo fim do sexismo. Esse trabalho não exige de nós, necessariamente, aderir a organizações. Podemos trabalhar em nome do feminismo do lugar onde estamos. Podemos começar a fazer o trabalho pelo feminismo em casa, exatamente onde moramos, educando a nós mesmos e às pessoas que amamos. No passado, o movimento feminista não ofereceu a indivíduos mulheres e homens orientação suficiente para mudança. Enquanto políticas feministas são fundamentadas em um conjunto firme de crenças sobre nosso objetivo e direção, nossas estratégias para uma mudança feminista devem ser variadas.

Não existe um só caminho para o feminismo. Indivíduos de diferentes origens precisam de uma teoria feminista que dialogue com a vida que têm. Como uma pensadora feminista negra, acredito ser essencial avaliar criticamente os papéis dos gêneros na vida dos negros, para descobrir as preocupações específicas e as estratégias que devem ser abordadas para que todas as pessoas negras possam compreender a relevância da luta feminista para nossa vida.

O feminismo visionário radical incentiva a todos nós a ter coragem de avaliar a vida do ponto de vista de gênero, raça e classe, para que possamos compreender precisamente nossa posição dentro do patriarcado capitalista de supremacia branca imperialista. Durante anos, várias mulheres feministas se apegaram ao equivocado pressuposto de que o gênero era o único fator determinante de status. Superar essa negação foi uma virada crucial para as políticas feministas. Permitiu às mulheres encarar a forma como o preconceito de raça e classe levou à formação de um movimento de mulheres que não era fundamentado na massa.

Estamos agora prontas para renovar a luta feminista. Reações antifeministas existem porque o movimento foi bem-sucedido ao mostrar para todo mundo a ameaça que o patriarcado oferece ao bem-estar de mulheres e homens. Se o movimento feminista não tivesse oferecido um verdadeiro relato dos perigos de perpetuar o sexismo e a dominação masculina, teria falhado. Não haveria necessidade de criar uma campanha antifeminista. Apesar de a mídia de massa patriarcal continuar a espalhar a mentira de que homens não são bem-vindos na sala de aula feminista, na realidade mais homens estão estudando o pensamento feminista e se convertendo ao pensamento feminista. É essa mudança significativa no feminismo que ainda mais o torna uma ameaça ao patriarcado. Como já foi dito, se o movimento fosse focado somente nas mulheres, o *status quo* patriarcal estaria intacto e não haveria necessidade de atacar severamente o feminismo.

Repetidas vezes, a mídia de massa patriarcal e os líderes sexistas nos dizem que o feminismo está morto, que já não faz sentido. Na realidade, mulheres e homens de todas as idades, em todos os lugares, continuam a lutar com a questão da igualdade de gênero, continuam a procurar papéis para eles mesmos que os libertará em vez de restringi-los ou confiná-los; e continuam a se voltar para o feminismo em busca de respostas. O feminismo visionário nos oferece esperança para o futuro. Ao enfatizar uma ética de mutualidade e interdependência, o pensamento feminista nos oferece um caminho para acabar com a dominação enquanto, simultaneamente, mudamos o impacto da iniquidade. Em um universo em que a mutualidade é norma, pode haver momentos em que tudo está desigual, mas a consequência dessa iniquidade não será a subordinação, a colonização nem a desumanização.

O feminismo, como movimento para acabar com sexismo, exploração sexista e opressão, está vivo e passa bem.

FEMINISMO VISIONÁRIO

Se não temos um movimento fundamentado na massa, a renovação desse movimento é nossa meta prioritária. Para assegurar a relevância contínua do movimento feminista em nossa vida, a teoria feminista visionária deve ser constantemente elaborada e reelaborada, de maneira que se relacione a nós, onde vivemos, em nosso presente. Mulheres e homens já deram grandes passos na direção da igualdade de gênero. E esses passos em direção à liberdade devem nos dar força para seguir mais adiante. Devemos ter coragem para aprender com o passado e trabalhar por um futuro em que princípios feministas serão o suporte para todos os aspectos de nossa vida pública e privada. As políticas feministas têm por objetivo acabar com a dominação e nos libertar para que sejamos quem somos – para viver a vida em um lugar onde amamos a justiça, onde poderemos viver em paz. O feminismo é para todo mundo.

ÍNDICE REMISSIVO

abolicionistas, 90
aborto, 23, 49-51, 127-128, 162-163
academia, 91-92
acesso ao, 27-29, 140-141, 158-160
currículo, 35-36, 42-44
influência na teoria feminista, 44-47
questões de classe e, 50-51, 52-54
sexismo e, 33-35
abuso sexual, 11-113, 118-119
amor, 115-116, 145-147
como ato político, 147-149
crianças e, 147-148
dominação masculina e, 148-150
ponto de vista alternativo, 148-149
romântico, 146-147
anorexia, 60-63
autoestima, 83-84, 106-108, 112-113
auto-ódio, 34-35, 62-63
autossuficiência econômica, 82-83, 85-86, 88

Barfoot, Mary, 70-71
beleza, 57-63
bissexualidade, 130-131

Brown, Rita Mae, 67-68
Bunch, Charlotte, 67-68

campanhas pela alfabetização, 159
câncer, 59-60
carreira, 28-29, 36-39, 84-86
casamento e união
abuso sexual em, 118
cuidado das crianças, 120-122
dominação masculina em, 117-118
equidade de gênero em, 120-122, 124
monogamia, 118, 119-121
padrão binário, 117
ponto de vista da mídia, 123-124
sexismo e, 117-119
centros de saúde, 59-60
circuncisão feminina, 77-80
Class and Feminism [Classe e feminismo] (ed. Bunch and Myron), 67-68
colonialismo, 75-78
Coming Black Genocide, The [A aproximação do genocídio negro] (Barfoot), 107-108
conscientização, 18-19, 25-27, 41, 91-92, 146-147

O FEMINISMO É PARA TODO MUNDO

desmantelamento de grupos, 26-28, 36-37
para homens, 30-31
renovação, 30-31
consumismo, 53-84, 87-88
controle de natalidade, 49-52, 117, 127-129
crenças judaico-cristãs, 152-153
cristianismo, 18-19, 152-154
cristãos feministas, 153-155
direitos reprodutivos e, 51-54, 156
crianças, 45-47, 147-148
ponto de vista da supremacia branca, 110-111
violência da mulher contra, 96-100, 110-113
violência masculina contra, 95-97, 111-114
crítica cultural, 7
Crittendon, Danielle, 163-164
cuidado das crianças, 120-123

diálogo, 26-27-, 43-45, 92-93
Diana Press, 20
direitos civis dentro do patriarcado, 162-163
direitos reprodutivos, 23-24, 49-51, 117, 162-163 Ver também sexualidade
aborto, 49-51
cesarianas e histerectomias, 51-55
controle de natalidade, 49-51, 127-129
cristianismo e, 51-54, 156
preconceito de classe, 49-51

reação antifeminista, 52-54
discurso acadêmico, 20-23, 27-28, 159-160
distúrbios alimentares, 59-63, 77-79
divisão de trabalhos domésticos, 36-37, 120-121
doença cardíaca, 59-60
doenças sexualmente transmissíveis (DSTs), 119-120
dominação masculina, 10, 18-20, 106-107. Ver também patriarcado
abuso sexual e, 112-113
amor e, 149
da sexualidade, 133-135
econômica, 82-83
em casamento e união, 117-118
por homens de classe dominante, 99-100
dualismo, 152-153

economia participativa, 86-88
economia, estilo de vida e, 82-84
educação, 42-44
de crianças, 46
diálogo, 43-45
estilos e formatos, 44-48
na teoria feminista, 44-47
Eisenstein, Zillah, 79
emprego. Ver trabalho
envelhecimento, 60-61, 134-136
escolas feministas, 158-160
estereótipos, na mídia, 17-19, 47-48, 103-104
E eu não sou uma mulher? Mulheres negras e o feminismo (hooks), 34-35, 42-43, 91-92, 138-139

ÍNDICE REMISSIVO

escravidão contratada, 73-74
espiritualidade. *Ver também* religião
  centralizada em uma deusa, 152-153
  espiritualidade da nova era, 152-153
  teologias da libertação, 154
  tradições monásticas, 151
estudos de mulheres, 27-29, 42-44
ética do cuidado, 158-159

feminilidade, 106-107
feminismo. *Ver também* feminismo radical; feminismo reformista; feminismo revolucionário; feminismo visionário; teoria feminista
  como escolha, 25-26, 31
  cooptação pelo patriarcado, 158-159
  definição, 7, 17-18
  e sexualidade, 130-133
  estereótipos, 7-9, 30-31, 103-105, 154-155
  facções anti-homem no, 104-106
  homens e, 163-167
  objetivos do, 75, 78-79
  ódio aos homens, 145-147
  oportunismo no, 28-29, 36-39
  polarização, 21
feminismo como estilo de vida, 22-24, 158-163
feminismo de poder, 23, 71-78, 162-163
feminismo radical, 76-77, 160-163
feminismo reformista, 22, 65, 81-82, 157-159

feminismo revolucionário, 19-21, 25-27, 28-29, 66-67, 70-71, 157-159
feminismo visionário, 157-158. *Ver também* feminismo revolucionário
Feminist Theory: From Margin to Center [Teoria feminista: da margem ao centro] (hooks), 8, 17, 22, 81, 84-85, 98, 100-101, 114-115, 148-149
feministas brancas, 18-19, 21-23
  cooptação pelo patriarcado, 158-160
  desafios das mulheres negras ao, 36-37, 43-45, 91-92, 94
  neocolonialismo, 76-78
  nos movimentos por direitos civis, 89-91
  racismo de, 89-91
  sexismo internalizado, 37
feministas negras, 19-21, 164-165
  desafios para as feministas brancas, 36-37, 43-45, 91-94
  questões de classe, 68-70
feminização da pobreza, 71-72
Fox, Matthew, 152-154
Friedan, Betty, 65-67

GC. *Ver* conscientização
Gilligan, Carol, 158-159
grupos de homens, 30

habitações, 73-74
Hatreds: Racialized and Sexualized Conflicts in the 21ˢᵗ Century [Ódios: conflitos raciais e sexuais no século XXI] (Eisenstein), 79

heterossexualidade, crítica lésbica à, 129-131

história das mulheres, 42

homens
    antissexistas, 104-106, 113-114
    classe dominante, 99-101
    como opressores, 104-106
    conscientização para 30-31
    efeito do patriarcado nos, 9-10, 122
    ódio feminista aos, 145-147
    paternagem, 122
    ponto de vista sobre feminismo, 9-10

homens antissexistas, 104-106

homofobia, 104-105, 142-144

homossexualidade, 138-139. *Ver também* lésbicas

humilhação, 112-113

Hurston, Zora Neale, 43-44

igualdade. *Ver* igualdade de gênero

igualdade de gênero, 17-19, 28-29, 66-67
    em casamento e união, 120-122, 124-125

imagem do corpo, 57-59
    indústria de cosméticos e moda, 58-63
    ponto de vista da mídia, 58-61
    risco à vida, 59-63

imperialismo, 100

indústria da moda, 58-60
    desafios para a, 62-63

indústria prisional, 73-74

Juliana de Norwich, 151

juventude (de garotos), 106-108

"Last Straw, The" [A última gota] (Brown), 67-68

ligação entre homens, 34-36

ligação entre mulheres, 34-35

lésbicas, 22-23, 28-29, 104-105, 137
    classe trabalhadora, 141
    crítica à heterossexualidade, 129-131
    emprego e, 67-68
    feminismo e, 137-140
    relacionamento, 142-144
    violência e, 143-144

literatura
    currículo, 42-44
    livros infantis, 46, 161

literatura feminista, 42-43

literatura para crianças, 46 47, 160-161

masculinidade, 103
    ameaça à, 118-120
    humilhação abusiva, 112-113
    identidade, 106-108
    juventude (de garotos), 106-108
    teoria feminista sobre, 105-107

maternagem e paternagem
    feminista, 113-115
    mulher chefe de família, 109-111, 114-116
    por homens antissexistas, 112 115
    por homens, 122
    sexismo e, 109-111
    trabalho e, 122-124
    violência e, 96, 99, 101, 110-111

ÍNDICE REMISSIVO

maternidade/maternagem, 114,120-124, 147-148. *Ver também* maternagem e paternagem
Middlebrook, Diane, 34
mídia, 28-29
  casamento, ponto de vista sobre, 124
  direitos reprodutivos e, 51-54
  espiritualidade, ponto de vista sobre, 154-155
  estereótipos de feminismo, 17-19, 47, 103-105
  imagem do corpo na, 58-59, 60-61
  patriarcal, 17, 21, 47-48
  questões de classe e, 65-66
  questões globais e, 79
  violência, representação da, 99
militarismo, 100
mística feminina, A (Friedan), 65-67
monogamia, 118-121
Morrison, Toni, 43
movimento de libertação dos homens, 105-107
movimento por direitos civis, 35-36, 89-91
movimentos radicais, 18-20, 49, 103
Ms., 47
mulher que se identifica com homem, 139-141
mulher que se identifica com mulher, 139-142
mulheres da classe trabalhadora, 28-29, 34-35, 65, 67-68, 96
mulheres não brancas, desafios para as feministas brancas, 37-38, 43-45

mutualidade, 133-136, 150, 166
Myron, Nancy, 68

não monogamia, 118-121
neocolonialismo, 75-78
Night-Vision: Illuminating War and Class on the Neo-Colonial Terrain [Visão noturna: iluminando guerra e classe no terreno neocolonial] (Lee e Rover), 77

Olsen, Tillie, 34
oportunismo, 36-38
opressores, 104-106
organizações, 27
Original Blessing [Bênção original] (Fox), 152-154

paternalismo, 76
patriarcado, 9-10. *Ver também* dominação masculina; supremacia branca
  cooptação do feminismo, 158-160
  direitos civis dentro do, 162
  efeito nos homens, 10, 99-101, 104-105
  ligação entre homens e, 34-36
  mídia e, 17-19, 21, 47-48
  questões de classe e, 69-71
pobreza, 130-132, 158-159
política de esquerda, 137-139
políticas de imigração, 73-74
políticas feministas, 26-31
pornografia, 132
protagonismo sexual, 134-136
protagonismo, 139-140
publicações de mulheres, 41-43

questões de classe, 19-20, 22-23, 65-66
  acesso à academia, 27-28, 140-141, 158-160
  controle de natalidade e, 4951
  dentro do feminismo, 72-77
  no mercado de trabalho, 81-83
  patriarcado e, 69-71
  raça e, 69-70
  sororidade e, 67-72
questões globais
  circuncisão feminina, 77-80
  dentro do feminismo, 75-78

racismo, 19-20, 43-45, 69, 89
  de feministas brancas, 89-94
  desafios das mulheres negras ao, 36-37, 43-45, 91-92, 94
reação antifeminista, 52-55, 163-167
religião. *Ver também* espiritualidade
revolução sexual, 49, 117-119, 128-130,
  cristianismo, 18-19, 51-54, 152-156
  fundamentada na criação, 152-154
  fundamentalismo religioso, 154-156
  patriarcal ocidental, 151-155

sadomasoquismo, 130-132, 143-144
salários, 81-83
sexismo, 8-10, 17
  auto-ódio, 62
  de lésbicas, 142-144

  efeitos nos homens, 9-10, 100-101, 104-105
  em casamento e união, 117-119
  em literatura de criança, 46
  internalizado, 28-31, 34-35, 36-37, 94
  maternagem e paternagem e, 109-111
  na academia, 33-35
  noções de beleza, 359-63
  por mulheres, 19-20, 28-31
  racismo e, 93-94
  violência e, 96-97
sexualidade, 49, 118-121. *Ver também* direitos reprodutivos; revolução sexual
  bissexualidade, 130-131
  dinâmicas de poder e, 130-132
  dominação masculina da, 133-135
  envelhecimento e, 60-61, 134-136
  homossexualidade, 138-139
  masculinidade e, 118-120
  medo de, 127-129
  padrão binário, 117, 127
  respeito mútuo, 133-136
  riscos, 51-52
  sadomasoquismo, 130-132
sistema de saúde, 59, 121-122
socialização, 25-26, 34-35, 41
solidariedade política, 35-39, 91-93
sororidade, 19-20, 33
  ligação entre mulheres, 34-36
  questões de classe, 67-72
  raça e, 90-94
  renovação, 38-39

ÍNDICE REMISSIVO

solidariedade política, 35-39, 91-93

Stanford University, 33-35

supremacia branca, 21, 69-71, 75. *Ver também* patriarcado

abolicionistas e, 90-91

maternagem e paternagem e, 110-111

televisão, 47-48, 159-160

teoria feminista, 7, 41. *Ver também* feminismo

desafios ao racismo no, 43-45, 92-94

jargão elitista, 44-47, 159

políticas acadêmicas e, 44-47

publicações de mulheres, 41-43

sobre masculinidade, 105-107

terapia, 155

terapia feminista, 154-155

trabalho

autossuficiência econômica, 82-83, 85-88, 114-115

desemprego, 87-88

economia participativa, 86-88

maternagem e paternagem e, 122-124

mulheres privilegiadas e, 81, 84-85

ponto de vista do homem, 87-88

qualidade de vida e, 83-84

questões de classe, 65-68, 81-83

significado de 86, 88

trabalho compartilhado, 86-87

trabalho compartilhado, 86-87

trabalho doméstico, 71-72, 82-84, 120-121

violência, 9-10, 95, 159-161

abuso sexual de crianças por homens, 111-113

como aceitável, 98-101

contra crianças por mulheres, 96-99, 110-111

cultura da, 100-101

em relacionamentos lésbicos, 134-144

maternagem e paternagem e, 96-64, 101, 109-111

militarismo e, 100

responsabilidade da mulher, 100-101

sexismo como causa da, 96-97

violência doméstica. *Ver* violência

violência patriarcal, 95-100

como sistema de dominação, 25

mulheres do terceiro mundo e, 73-74

religião e, 151-155

virgindade, 118

Walker, Alice, 43-44

welfare (ou bem-estar social), 73-74, 85-87, 115-116, 162

What Our Mothers Did Not Tell Us: Why Happiness Eludes the Modern Woman [O que as mães não nos contam: por que a felicidade ilude a mulher moderna] (Crittendon), 163

A primeira edição deste livro foi impressa em setembro de 2018, um mês antes das eleições para Presidência da República, Governo do Estado, Câmara dos Deputados e Senado Federal brasileiros.

O Brasil ocupa o 161º lugar no Ranking de Presença Feminina no Poder Executivo, entre 186 países, de acordo com o Projeto Mulheres Inspiradoras, a partir de dados fornecidos pelo TSE, ONU e Banco Mundial.

Ainda que, segundo o IBGE, mulheres constituam 51,5% da população brasileira, atualmente representam apenas 10,5% da Câmara de Deputados e 16% do Senado; apenas 1 mulher foi eleita governadora no pleito de 2014. As mulheres negras, que correspondem a 25,3% da população total do país, representam 0,7% da Câmara dos Deputados; apenas 1 senadora negra foi eleita em 2014.

A porcentagem de mulheres de outras etnias e gêneros em cargos políticos ainda é incipiente, mas, nos últimos anos, coletivos de feministas têm se articulado para ampliar a representatividade.

O texto foi composto em Minion Pro, corpo 12/16. A impressão se deu sobre papel off-white pelo Sistema Cameron da Divisão Gráfica da Distribuidora Record.